論理的に考え、書く力

芳沢光雄

光文社新書

まえがき

人や情報が国境を越えて活発に行き来する現代は、政治、経済、環境など、あらゆる場面で解決すべきグローバルな課題が山積している。こうした課題に取り組むには、論理的に考え、文化の異なる他者が納得できるように、自らの立場を筋道を立てて説明する力がきわめて重要になる。

大国と小国、あるいは大企業と小企業などが共通の土台で理解を深めようとするとき、最も客観的な「数字」を抜きにして語ることはできない。特に、「国内総生産（ＧＤＰ）に対する債務残高の割合」「社員一人当たりの売り上げ」「国際基準値と比較したＰＭ２・５濃度」といったように、それぞれの大きさに合わせて考える「比と割合」の概念は必須である。

ところが最近、特に算数・数学の「非言語系」と呼ばれる分野で、大学生の間で様々な「奇妙な現象」が起きている（第１章で詳述）。それはたとえば、高校の数学Ⅱで学ぶ多項式の微分・積分の計算はできる者が、算数で学んだはずの比と割合の概念をよく分かっておらず、就職活動の適性検査の問題を誤って答えてしまうような現象だ。より具体的には、食塩水の濃度の問題などで、「〜に対する……の割合」という表現を「……の〜に対する割合」という表現に変えると、混乱してしまう者が数多くいる。

その背景には、国語の文章理解力が弱くなったことのほか、算数・数学の問題の答えを「導く」のではなく、暗記科目と同じように「当てる」ものだと勘違いしていることがある。その主な原因は、大学入試センター試験に代表されるマークシート式問題に合わせた学びにある。大学入学者の約7割が、AO入試か推薦入試か全問マークシート式試験で合格している実情は、「短時間の面接での型にはまった受け答え」か「やり方を覚えて真似すること」だけを得意とする大学生を大量に生んでしまった。

第2章では国語と数学のマークシート式問題について、具体的な例題を挙げて考える。これは、論理的に考え、説明する力を考えるとき、国語を無視しては語ることができないという気持ちから意図したものである。

さて、ここで指摘したような入学状況に至った原因は、昨今、私立大学の約半数に定員割れを引き起こしてしまった、1991年の大学設置基準の大綱化にある。これによって、何かと問題のある大学を多数乱立させてしまったことに止《とど》まらず、大学入学者数の需給バランスが完全に崩れてしまったのだ。

一方、現在の大学生は、２００2年から始まった究極の「ゆとり教育」の犠牲者としての面もある。だから、不十分な内容の教科書だけを使って不十分な授業時間数で学んで育った者に対して、「基礎学力がない困った連中だ」などと面と向かって言えるはずはない。大学に勤める者としては、むしろそのような大学生の基礎学力を高めるために何らかの行動を起こすことが自然ではないかと考える。

憂慮すべきなのは、「試行錯誤を繰り返して考える」ことのできない学生が、以前と比べると激増したと感じられる点だ。マークシート式問題の解法を念頭に置いた「やり方を覚えて真似すること」に特化した学びは、短時間で処理する能力はアップさせることはできたとしても、その対極に位置する、「試行錯誤を繰り返して考える力」を育《はぐく》むことはできない。

現代のようなグローバル化社会では、クリエイティブなものを作り出す能力が特に求められている。「試行錯誤を繰り返して考える力」は、そのために欠かせない要素だろう。いま求められる教育改革は、初等中等教育のあり方、それに与える影響の大きい大学入試のあり方などの改革を並行して行うことだ。

同時に忘れてはならないのは、学校教育における「教員の力量」という問題である。いま、全国では50歳代のベテラン学校教員の数は多く、逆に、第2次ベビーブーム世代の学校教員の数は少ない。また、現在は全国の教員採用者数は多いものの、過疎県と大都市圏では、採用状況が極端に異なる。前者の採用数は少なく、後者の採用数はかなり多い。このことが「教員の力量」に弊害をもたらした。これらに関しては第3章で数字を用いて詳しく説明するが、同時に、初等中等教育のあり方、大学入試のあり方を含めて、思い切った提言をしたい。

第4章では一転して、各個人が論理的に考え、書く力を磨くために意識したい注意点を述べたい。8年ほど前に出版した『数学的思考法』（講談社現代新書、2005年）でもそれらについて触れているが、論理的に考えることの仕組みやヒント、さらには数学がもつ様々な視点について、消費税、経済成長率、AKB48じゃんけん大会などの新鮮な題材を用いて説明しよう。

論理的に考え、書く力の重要性を第1章から第3章にかけて説くだけでなく、それらの力はどのようにすれば身に付けることができるのか、それを第4章で述べ、本書の締めくくりとしたい。

論理的に考え、書く力

——目次

第3章　教育と入試のあるべき姿　95

［第1章］

ゆとり教育の「負の遺産」

１－１　１９９１年というターニングポイント

私立大学の４割強が定員割れ

「受験地獄」という言葉に象徴されるように、かつての日本では、たとえ人気のない大学であっても真面目な態度で受験しなければ当然のように不合格になったものである。ところが現在は、いい加減な態度で受験しても合格となる大学が数多くある。そして四年間の大学生活を経て、大学卒業証書が授与される。

この背景には、２０１２年に四年制私立大学の46％が定員割れの状態に陥ったように、定員の問題がある。定員充足率の悪い大学は文部科学省からの補助金が削減・カットされることになるので、それを恐れる大学当局は「授業料を収めてくれるならば誰でも合格！」とせざるを得ないのだ。

そして現在、〝多様な学生〟を集めるという名目で、一般入試のほか、推薦、ＡＯ（自己推薦）、大学入試センター試験併用など、何回も入学試験を行っている大学が主流になっている。秋から冬休みにかけて、毎週のように何らかの入試を行っている大学さえある。

そのように至った背景には、主に少子化と1991年の大学設置基準大綱化の二つがある。出生数が年200万人前後だった第2次ベビーブーム世代の人たちが大学に入学したのは1990年前後である。そのほぼピーク時である91年の大学設置基準大綱化以降、大学数は逆に増え続け、91年が514校であったそれは現在、783校にまでなっている。今の大学生が生まれた頃の出生数は年120万人であることを考えると、私立大学の4割強が定員割れの状態に至ったことは必然だろう。

「パン教」に対する誤解

さて、自由化の名のもとで決まった1991年の大学設置基準大綱化は、一般教育と専門教育の区分をなくすと同時に、以前は「大学を新設すると命を一つ落とす」(大学の新設には様々な条件をクリアしなければならないために多大な苦労をともなうので、その過程で関係者に死者が出たこともあった)とまで言われた大学の新設を簡素化したという二つの点に大きな特徴がある。まず、前者から考えてみよう。

1960年代から1980年代にかけて大学生であった方々は、一般教育科目のことを「パン教」と呼んでいたことを懐かしく思い出すだろう。そして、「パン教」の単位を取るために意外と苦労した方々も少なくないだろう。

しかし、91年の大学設置基準大綱化は、一般教育科目36単位以上、専門教育科目76単位以上、外国語科目８単位以上、保健体育科目４単位以上という、それまでの卒業要件の規則を廃止し、総単位数１２４単位以上のみを規則とした。つまり、「パン教」が少なくなり、専門教育を中心とした再編だけが大きく進んだのである。

これは、80年代の後半、「大学入学と同時に専門教育を集中して学べるアメリカと違い、日本は早い時期から専門教育を受けることができない。日本の大学の問題はここにある」という議論から進められた〝改革〟だった。当時、この議論に「パン教がなくなるならラッキー」と言って喜んだ人たちもかなり多かった。しかし、これには大きな誤解があった。

なぜならアメリカでは、今も昔も専門教育と同様に教養教育（一般教育）も重視されているからだ。これには、たとえ専門的職業に就く者にとっても、幅広いグローバルな視点を得ることの重要性への認識が広く社会にあることが背景にある。したがって、80年代後半に日本で起こった議論には、「一般教育と専門教育の区分をなくし、実態は主に専門教育だけになってしまうことは、ローカルな視点でしか物事を見ることができない人材を世に送り出すという弊害を生み出すことにもなる」という大事な視点が抜け落ちていたといえる。

たとえば、「文系に数学は必要ナシ」となれば、文系学問でデータを用いて数理モデルをつくって考えることが難しくなってしまう。また、「数学は社会や生活とは縁のない学問」という認識が社会に広がれば、〝数学不要論〟は一気に高まるだろう。

大学の〝営業活動〟で荒らされる現場

次に、後者の「大学の新設の簡素化」を考えてみよう。簡素化が次々と実現したことにより、予備校の生徒と大学生に授業を一緒に受けさせたり、専任教員の大部分が実際に授業しているかどうか定かではない大学、あるいは、入国管理局から、入学した留学生の目的が〝学び〟とは思えない者が多くいることを見透かされて、「不法就労・犯罪に走らせて社会不安の拡大に加担しているといっても過言でない」と批判された大学など、世間をお騒がせした大学が続々と誕生した。

それだけではない。大学の入学に関する需要と供給のバランスが狂ったことは、他にも次のような様々な問題を引き起こした。

それは、高校生が受験しやすいように入試科目を次々と減らし、大学での学びは高校で学ぶ知識とほとんど無関係であるかのような印象を高校生に与えたこと。現在、各大学ではオープンキャンパスが花盛りだが、そこに参加する高校生の旅費・交通費の大部分を負担する大学が次々と現れているなど、大学側の〃過剰接待〃という問題が浮上したこと。大都市圏の通勤電車の車内広告が、全面的に各大学のオープンキャンパスの案内で埋め尽くされている編成車両もあるように、本来であればもっと教育や研究に使われるべきお金が、大学の宣伝に使われているということ、等々。

また、もともと「青少年に科学への興味・関心を高める」という精神で設けられた、各分野の専門家による小・中・高校への「出前授業」という制度がある。私は数学教育活動を始めた当初から、「自分が出前授業に行くことによって、一人でも多くの子どもたちが数学好きになってくれるならば嬉《うれ》しい」と思って、過去20年近くにわたり、北はオホーツク海岸近くの北海道立浜頓別高校から、南はフランシスコ・ザビエルゆかりの地にある鹿児島県日置市立鶴丸小学校まで、のべ２００校ぐらいの小・中・高校で出前授業を行ってきた。生徒から喜んでもらった内容は拙著『数学で遊ぼう』（岩波ジュニア新書、２００９年）にまとめてあるが、出前授業に対する気持ちは今日《こんにち》に至るまで、少しもブレていない。実際、出前授業の約半分は手弁当で出掛けているが、最近でもそれは変わっていない。

その気持ちで行ってきた出前授業が、本来の趣旨とは裏腹に、各大学の〃営業活動〃で荒らされてきていることには我慢ならない。それは、大学側からの「私どもの大学の教員を貴校で出前授業させていただけませんか」という一本の電話から始まる。その目的はただ一つ、生徒に自分の大学への入学願書を書いてもらうことだけであり、生徒の科学への興味・関心を高めることなどは関係ない。つまり、分厚い大学案内をたくさん配布することだけが目的となる。したがって、高校へは「ぜひ、出前授業に行かせてほしい」と言う一方で、「小・中学校にはまったく関心のない教員が出前授業を行っている。さらに多くの場合、小・中学校への出前授業はできません」と平然と言ってのける輩《やから》も多い。

一方、小・中・高校の教員は、こうした態度を本来の出前授業の精神を踏みにじったものとして捉えているようだ。実際、大学関係者に対する不満の声はいろいろな場で聞く。

さらに困ったことは、その状況に目をつけた業者が、高校への出前授業に介入してきたという現実である。一種のお見合い紹介業の感覚で、高校と大学の双方から謝礼金をもらって〝出前授業〟をセッティングする。そして効率化を図るため、同日に10大学程度の大学教員をまとめて一つの高校に招く。一方の高校側は、「A大学さんは1教室、B大学さんは2教室……」という感じで、各大学別にそれぞれ授業させるのである。

私も仕事と割り切ってそのような〝出前授業〟にも行ったことがあるが、校長先生の態度にはいつも驚かされてしまう。「皆様にこれから私たちの学校の生徒にお会いしていただきますが、それがきっかけで志望大学が変わった生徒もいます。それだけに、しっかり大学を紹介するように話してください。それまでは各自の指定された椅子に着席していてください」というような発言は普通なのだ。出前授業の本来の精神はどこにもない。

私はたくさんの出前授業の経験から、「生徒と一緒に出前授業を見学する校長がいる学校での授業は充実する」という格言をもつに至った。実際、そうした学校では素晴らしい思い出がたくさん残っているが、前述したような業者が介在するものでは、校長が授業を見学することは絶対にない。だからこの際、「出前授業」という言葉と「大学説明会」という言葉を使い分けるべきだと提案したい。つまり、91年の大学設置基準大綱化は、前述の問題以外にも、こうした出前授業の中身をも変質させたように、幾多の問題を引き起こしてしまったのである。

ただ、ここにきて、新入生の学力不足の問題から教養教育を重視する動きや、大学廃校が次々と現実問題になったことから大学新設を厳格化する動きなど、大学をめぐる変化は目に見える形で起き始めている。

1―2 「お客さま扱い」に慣れた大学生

暴力、ドタキャン、スッポカシ……

大学の定員に関して需要と供給に狂ったバランスが生じると、「お客さま扱い」に慣れた学生が増えることは想像できるだろう。最近、知人が勤めるある大学で、女性教員にお喋《しゃべ》りを注意された男子学生が激怒して椅子を投げつけたということがあった。幸い女性教員に怪我《けが》はなかったものの、これはまるで、暴力が吹き荒れる学級崩壊状態の小・中学校がそのまま大学に移行したかのようだ。学級崩壊は大げさな表現だとしても、授業中にずっと居眠りしている学生の光景は日本全国の大学で見られる現象だろう。

一方、昨今は「大学改革」の名のもとに、ほとんどの大学で学生による匿名の授業評価が行われている。授業態度が悪いことを注意された学生が、腹いせに授業評価のすべての欄を最低の評価にする〝仕返し〟も、多くの大学で見られる現象のようである。学生による匿名の授業評価は、「ある程度まじめに授業を受けている者に限定してはどうか」と提案したいほどだ。

次の節で学生の就活問題を学力面から取り上げるが、就職試験における面接のドタキャンやスッポカシは、大概の企業で2割近くいるそうだ。社会人になる直前でもお客さま感覚の抜けない学生が少なくない証拠である。もっとも、大企業も抜け目がなく、ドタキャン率を加味して面接の日程表を組むようになってきている。最近は飛行機の「空席待ち」の感覚で事前予約なしで面接会場を訪れる学生もいるということだ。

増える「感情優先」の学生

さて、私は大学教員としての35年間で、非常勤講師を含めると10大学でのべ1万3000人もの学生を指導してきたことになる（学習院、慶應義塾、城西、東京理科、桜美林、岩手、東京電機、東京女子、法政、同志社）。この経験を通して得た教訓に、「物事をじっくり考えることのできる学生は、考えるということ自体に我慢がともなうので、我慢強くなる」というものがある。

しかしいま、物事に対して自らじっくりと考えることができない感情優先の学生が年々増えていることを痛感する。時間を気にすることなく誰でも考えることができる問題に対して、昔の学生は成績とは関係なく、「先生、いま考えている最中なので、答えは言わないでください」と皆が言った。一方、今の学生の多くは成績とは関係なく、「先生、答えを教えてください」とすぐに質問する傾向がある。

学校教育では情緒的や感情的な表現の学びも大切ではあるものの、試行錯誤して考えることや論理的に表現する学びを疎《おろそ》かにしてはいけないはずだ。しかし、なぜ、この部分の教育が極端に疎かになってしまったのだろうか。本書では、この問題をいろいろな角度から考えてみたい。

1―3　行き着く先は「替え玉受験」

「非言語系」に弱い大学生

第2次ベビーブーム世代の人たちが大学を卒業した頃は、バブル経済崩壊後の就職難の時代だった。大雑把《おおざっぱ》な計算だが、同世代約200万人のうち、大卒として就職できたのは約2割にあたる約40万人だった。それが2010年頃の「就職難」と言われた時代では、同世代約120万人のうち、大卒として就職したのが約4割にあたる約50万人である。しかも前者は「ゆとり教育」以前の世代で、後者は「ゆとり教育」真っただ中の世代である。

私は両者の学力の違いを様々なデータで体感しているだけに、２０１０年頃に就職難報道を繰り返し聞かされたとき、「この報道は大切だけど、バブル経済崩壊と、人口が多いゆえに苦労した第2次ベビーブーム世代の人たちの『今』についても関心をもってほしい」と思って、いくつかのメディア媒体で活字にしたことを思い出す。

ところで、現在、大卒内定者に対する企業の採用では、「適性検査」という名の筆記試験を最初の関門として設けているところが一般的である。その試験の中身は、国語と算数・数学の基礎的な内容である。前者を言語系といい、後者を非言語系という。特に非言語系では、受験者の点数にバラツキが大きく、結果として非言語系は言語系より重視されることになる。

私は、２０１０年前後に本務校（桜美林大学）の就職委員長に就いた際、就活中の学生が非言語系に弱点があることを把握し、詳しく分析したことがある。そのとき、「自ら考えることをしないで奇妙な方法に頼ってしまったり、中学や高校で習う数学の公式を無理に使ったりするから問題を間違えてしまう」という確信を得た。そのほとんどは次のように、算数の発想を用いれば解くことのできるものばかりだった。

時間と距離と速さの問題では、具体的に時速〇キロの意味を理解しておけばよいが、それを「は（速さ）・じ（時間）・き（距離）」という奇妙な三角形を書くことによって誤ってしまうこと。

食塩水の濃度の問題で、「塩の重さ ÷ 食塩水の重さ」か「塩の重さ ÷ 水の重さ」で迷ったとき、冷静に考えて判断しようとするのではなく、単に記憶したものを頭の中で呼び起こそうとすること。

一人が1日で仕事全体の3分の1を行い、他の一人が1日で6分の1を行うとする。二人合わせると全体の2分の1を1日で行うことになり、二人で仕事を行うと2日間で終わらせることができる。このような基本的な仕事算の問題を、無理に「x」とか「y」を使った方程式を持ち出して間違ってしまうこと。

樹形図などを用いて素朴に数えれば済む程度の問題を、高校で習う順列記号Pや組合せ記号Cを無理に用いて誤ってしまうこと、などである。

そこで、就活学生のために前述のような話題を中心に「就活の算数」というテーマで、「やり方を真似るのでなく、自ら考えて導く」をモットーに正規の授業とは異なるボランティア授業を後期の夜間に毎週行ったことがある。私が「ボランティア」なら、学生も「単位認定ナシ」のものである。2年間で受講したのべ1000人近くの学生の感想は、感激したコメントが圧倒的に多く、昔の寺子屋を想像したほどだ。

特に「算数」という言葉を包み隠さず前面に出して授業をしたことに関して、「算数・数学は妙なプライドなど気にせずに、分からなくなったところまで遡《さかのぼ》って一歩ずつ理解する教科である。算数・数学が苦手なことは何も悪いことではない」という私の信念がストレートに理解されたことに意義があったと振り返る。

「自らの頭で考え」「根本から理解しようとする」姿勢はあるか

日本の大学生の大多数は、特に入試で数学と無縁な私立大学文系学生の場合、就活時における非言語系の適性検査で悩んでいることが手に取るように分かる。実際、大型書店や大学生協書籍部の就活コーナーでは、その種の参考書や問題集が飛ぶように売れている。ちなみに私も、みんながつまずく算数を「いかに根本から理解するか」に重きを置いた『就活の算数』（セブン&アイ出版、２０１２年）と題した本を出した。ここでは、そこから二例を使って説明してみよう。

最初に、時間と距離と速さの問題例を挙げよう。この問題では、「は（速さ）・じ（時間）・き（距離）」という奇妙な三角形は使わずに、時速20キロとは1時間に20キロ進むことをしっかり復習する。それによって、時速20キロで5時間進む問題では、20に5を掛けて、１０

0キロという答えが導かれることを学ぶ。このように考えれば間違うはずはない。しかし、「は・じ・き」を間違って思い出す学生に限って、20を5で割り、4キロという困った答えを導いてしまう者がいるのだ。

次は、食塩水の濃度の問題例である。この問題では、「塩の重さ ÷ 食塩水の重さ」をただ覚えさせるのではなく、男女合計100人のクラスで女子が30人在籍しているとき、女子の割合（濃度）は30％という復習から行う。また、「（女子の人数）÷（女子の人数＋男子の人数）」のように、割る数にも女子の人数が含まれていることを強調する。すると、食塩水の濃度の問題で「塩の重さ ÷ 水の重さ」というように、割る方に塩の重さが含まれていない式は間違いだと気づくのである。

ここで、「なんでこんな簡単な算数の問題を取り上げるんだ！」と怒る読者もいらっしゃるかもしれない。しかし、少し待っていただきたい。なぜなら、有名私立大学の文系学生には、このような問題すら解けない者が少なからずいるからだ。そして、そのような学生が辿《たど》り着く先は「替え玉受験」となる。「替え玉受験」とは、入学（入社）試験の際に、受験者以外の者が受験者本人になりすまして試験を受けることを指す。

もちろん、本人確認を行い、一つの会場に集めて試験を行う場合、替え玉受験は困難である。しかし、自宅のパソコンで適性検査を行う場合は、いとも簡単に替え玉受験ができてしまうのが実情である。また、そのような方法で検査を行う企業にだけ入社試験を受ける学生も少なくない。そこに目をつけた有名大学の理系学生は、「替え玉受験、１回〇万円で請け負います」とネット上に書き込んで〝アルバイト〟まで行っている。実際、私の知り合いの社会人も「どうしても替え玉をやってほしい」と人から頼まれ、何人かの有名私立大学文系学生に替わって行ったことがあるそうだ。

こんな情報がネット上に氾濫している日本の現実には失望を覚える。しかしその一方で、大学生になるまで一度も「自らの頭で考え」「根本から理解する」教育を受けてこなかった学生を心底気の毒に思う。

最近、日本人大学生の就職難を尻目に、企業は外国人留学生を積極的に採用している。この背景には、「留学生は外国語に堪能だから」という理由だけでなく、この「自らの頭で考え」「物事を根本から理解しようとする」姿勢にあるとはいえないだろうか。

1-4　地図の説明ができない大学生

「アッチ」「コッチ」……

歩くことなく車ばかり利用していると足腰が弱くなったり、手を使って書くことなくパソコンのキーボードばかり利用していると漢字を忘れたりするように、世の中、便利になると逆に何らかの能力の点で弱くなるものがたくさんある。

最近は道に迷っても、車にはカーナビがついているし、歩いていても道案内をしてくれるスマートフォンがある。それだけに、他人に地図の説明をする機会は減り、苦手とする人も多くなっているだろう。それは特に、若い世代に顕著ではないだろうか。

実際、2004年2月に行われた千葉県立高校入試の国語で、地図を見ながらおじいちゃんに道案内することを想定した文を書く問題が出題されたが、なんと半数が0点だった。また、就活の面接で、「今日は自宅からここまでどのように来ましたか」という質問に、「アッチ」とか「コッチ」を連発して面接担当者を呆《あき》れさせてしまった大学生もいる。

単に地図の説明だけのことならば、カーナビやスマートフォンなどを利用すればあまり困らないかもしれない。しかし、「地図の説明」は、筋道を立てて論理的に説明する力をつける上で最適な教材である。その理由を一言で述べるなら、「いま自分が説明しようとしている内容は、相手が誰であっても誤解なく理解できるように伝わるであろうか」ということを、繰り返し自問するからである。

およそ中学数学における図形の作図文や証明文は、地図の説明の基礎となる。それが疎かになった初等中等教育の在り方こそが、地図の説明ができない大学生を大量に育てた真の原因だろう。作図とは、目盛りのない定規とコンパスだけで図を描くことを指すが、その手順を誰にも誤解されないように厳密に述べる作図文の作成こそが、証明文の学習の第一歩にもなる大切なものである。

ところが、作図文の練習をすることになっている中学１年の数学では、小学校の算数の復習や授業時間の関係から、現在、それをほとんど行わない学校がむしろ普通になっている。また、占有率の高い複数の中学数学の教科書の調査で、１９７０年と２００２年の教科書にある証明問題数を比較したところ、全学年合計で前者は約２００題、後者は約60題という結果が示された〈第3章第1節の表2〈１０２ページ〉参照〉。

すなわち、１９７０年前後と比べて、究極の「ゆとり教育」元年である２００２年の中学数学教科書における全文を書かせる証明問題の数は、激減したのである。２０１２年から脱「ゆとり教育」がスタートして授業時間数は増えてきたものの、空所補充式に「三角形」や「平行」などの単語を入れて証明文を〝完成させる〟だけの奇妙な証明教育は、まだまだ健在のように思える。それだけに、全文を書かせる証明教育がなるべく早く徹底されることを望みたい。

論理的に説明する力を向上させる「地図の説明」

ここで、地図を使って説明する際の注意点を述べておこう。

まず一つ目は、「『前後』『左右』という言葉を用いるときは、それが自分の立場なのか、あるいは他人の立場なのかを確かめなければならない」ということである。たとえば、向き合っている二人の前後と左右の方向はそれぞれ逆になる。

二つ目は、「図の表現で用いるものについては、それが一通りに定まるものであるか否かを、常に確かめなくてはならない」ということだ。たとえば、改札口がいくつもある駅では「改札口を出て左に行く」という表現は一通りに定まらない。「北口」や「南口」などのように、どの改札口を出るのかを述べなくてはならない。

三つ目は、「進む方向だけではなく、進む距離も述べる必要がある」ということである。たとえば、「東京スカイツリーの方向に歩いていくと、目標のレストランが左側にある」と伝えるよりも、「東京スカイツリーの方向に約1キロ歩いていくと、目標のレストランが左側にある」というような距離を与える表現も必要になる。

最後は、「進む距離だけではなく、進む方向も述べる必要がある」ということである。たとえば、「東京スカイツリーまで約1キロの距離にいる」と伝えるよりも、「東の方向に東京スカイツリーが見えて、そこまで約1キロの距離にいる」というような方向を与える表現も必要になる。

地図の説明を行うときは、ここに述べた4つの注意点を常に意識しているとうまくいくだろう。また、それが論理的に説明する力を向上させる。

1－5 「定義」と「規則」を軽視した結末

「円周率の定義」とは？

小学校の算数教科書には、「円周（の長さ）÷ 直径」によって円周率を定義することが書かれている。ところが現在の文系大学生に、「円周率の定義、すなわち円周率という言葉の約束を述べてください」と質問すると、有名私立大学でも正解率は1割以下となる。

圧倒的に多くある間違いは、「3・14」である。そのほか、「半径×半径×3・14」「半径×3・14」「丸い割合」「円周の比」といった答えなど、呆れたものも少なくない。

私も分担著者となった『分数ができない大学生』(東洋経済新報社、1999年)が出版されてからしばらくの間、「2分の1に3分の1を加えるといくつになりますか」という質問が流行《はや》った。これは、答えを「5分の2」というように、通分を忘れて分母同士、分子同士を誤って加える大学生がいることを確かめる質問だったが、誤って答える大学生はマスコミが期待するほど多くなかったはずだ。今でも、せいぜい1割〜2割ぐらいだろう。

では、なぜ、「円周率の定義」と「2分の1と3分の1の足し算」の正解率で、これほどの差が付くのであろうか。前者は言葉の定義で、記述式の試験以外ではほとんど出題されないため、正解率が著しく落ちると考えられる。一方、後者は分数の通分計算ゆえ、似たような問題を数多く練習してきたからだと考えられる。

肝心な「用語の定義」

さて、ここで、「円周率πは3より大きいことを説明せよ」という問題を考えてみよう。

図1は、半径rの円Oに正六角形ＡＢＣＤＥＦが内接している図である。円の直径は2rなので、円周の長さは２πrである（2rは２×r、２πrは２×π×rのこと）。一方、三角形ＡＢＯ、三角形ＢＣＯ……、三角形ＦＡＯはどれも正三角形なので、正六角形ＡＢＣＤＥＦの周囲の長さは6rである。また、ＡとＢを結ぶ最短の線の長さは線分ＡＢの長さであり、ＢとＣを結ぶ最短の線の長さは線分ＢＣの長さであり……、ＦとＡを結ぶ最短の線の長さは線分ＦＡの長さである。よって、円Ｏの円周の長さは正六角形ＡＢＣＤＥＦの周囲の長さより長くなる。したがって、２πrは6rより大、それゆえπは3より大きいことになる。

参考までに述べると、この説明の最初の部分で「円の直径は2rなので、円周の長さは２πrである」と触れたが、円周率の定義はここで用いている。

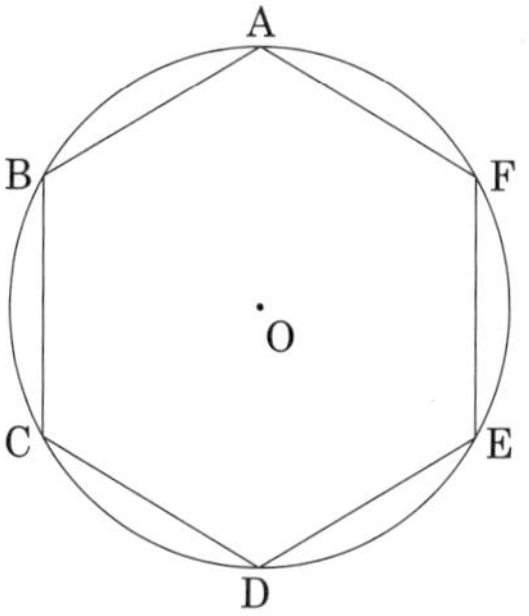

図1

説明問題や証明問題は論述力を高めるという意味で大切なものだが、最後の答えだけで採点する問題やマークシート形式の問題には馴染《なじ》まない。それゆえ、マークシート式問題が全盛の現在においては、説明問題や証明問題が主となる「用語の定義」はどうしても軽視される運命にある。

計算問題はともかく、用語の定義の問題に関しては多くの大学生ができないという惨状とその背景を考えると、大学入試の在り方も含めて初等中等教育のシステムを見直さなくてはならないと私は考えている。議論を組み立てる上で大切なことは、定義から出発することであって、感情から出発することではない。内々の議論には強いものの、海外の人たちとの議論に弱い日本人を憂えるとき、私はこの、様々な「用語の定義」という問題が頭に浮かぶ。

「規則」を疎かにしていないか?

次に、「規則」について考えてみよう。たとえば、

$$y = 2x + 1$$

という図2に示した1次関数のグラフを描くとき、中学生は最初から「y切片はプラス1、傾きは2だから」と言って、パッと直線を引いて終わりにする。

　私は、最初は「xにマイナス1を入れるとyはマイナス1、xに0を入れるとyは1、xに1を入れるとyは3、xに2を入れるとyは5……」というように、仮に関数のグラフが直線になっていることを知っていても、xにいろいろな値を入れてそれを確かめることが必要だと訴えたい。

　実際、関数のグラフを描く基本は、xにいろいろな値αを入れて、それに対応するyの値βを求めて、xy座標平面上に対応する座標（α，β）の点をいろいろとって、それらの点を線で結んで描くことにある。ここで重要なことは、xの値αとyの値βを組にした座標（α，β）の点を座標平面上にとる「規則」である。この規則があるからこそ、関数をグラフによって視覚的に理解できるようになる。

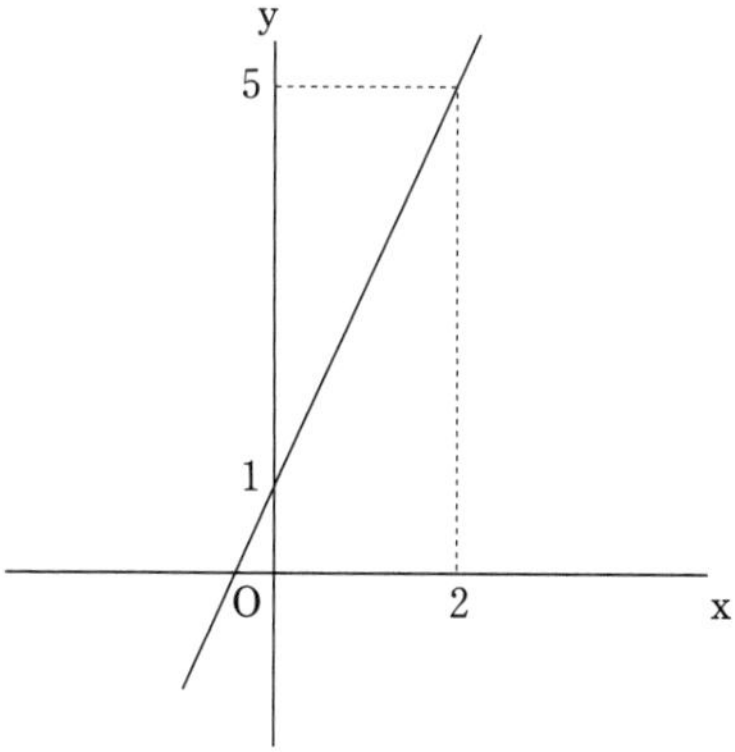

図2

　この規則の学びを疎かにしたまま数学と無縁な大学生になって、就活の適性検査の問題に関数のグラフの問題が突然現れると、それが仮に図2のようなものであっても、「この式のグラフの描き方を忘れちゃった。マズい！」となる。第3節で紹介した「就活の算数」におけるボランティア授業を行った者としては、「この『規則』さえ頭に入っていれば、適性検査のグラフに関する問題は困らない」と断言したい。

「40－16÷4÷2」の答えは？

規則についてもう一つ述べたいのは、算数で学ぶ四則混合計算についてのそれである。復習を兼ねてそれらをまとめると、次の（1）～（3）になる。

（1）計算は、原則として式の左から行う。
（2）カッコのある式の計算では、カッコの中をひとまとめに見て先に計算する。
（3）「×」や「÷」は、「＋」や「－」より結びつきが強いと見なし、先に計算する。

残念ながら、この「規則」を守って計算できない大学生は少なくない。実際、いくつかの平均的な私立大学の文系学部で集めた2000を超えるデータから、2割ぐらいの大学生は次の計算を間違えることが分かる。

$$40 - 16 \div 4 \div 2$$

正解は

$$40 - 16 \div 4 \div 2 = 40 - 4 \div 2 = 40 - 2 = 38$$

誤解答のうち、「40－16」を先に計算して答えが「3」となるものが一番多く、「4÷2」を先に計算して答えが「32」となるものが次に多くある。

私は10年間以上にわたって、四則混合計算に関しては次の二点を強く訴えてきた。それは、（1）計算規則を無視すると様々な答えが出るのを体験させて、規則の必要性を実感させること。（2）四則混合計算に関してはたくさんの練習問題を行うこと。以上である。

最近になってようやく、この方向に少し改善の動きが見られるようになったが（第3章第1節参照）、一時期、二つの数の足し算や掛け算を素早く行って脳を〝活性化〟させるというドリルが大流行した。内外の著名な研究者がこれに疑問を呈したこともあって今では沈静化したが、それによって私のこの二点の訴えが陰に隠れてしまったことは残念だった。

1－6　大学生は、なぜ「比」と「割合」の概念が苦手になったのか

「足し算の和」から「割り算の商」の時代へ

アメリカのミシガン州デトロイト市が2013年7月18日、「負債総額」180億ドル超で財政破綻したニュースは日本でも大きく取り上げられた。それがきっかけとなって、日本の地方自治体の財政を危ぶむ声が多く聞かれるようになった。特に、借入金（地方債）など、現在抱えている負債の大きさを財政規模に対する割合で表した「将来負担率」の高い自治体が注目された。ここで注目したいのは、これまで取り上げられることの多かった「負債総額」の「合計」のニュースから、「将来負担率」という「割合」の話題に切り替わった点だ。

ここで、社員1000人で100億円の利益を上げている企業と、社員10人で10億円の利益を上げている企業を比べてみよう。かつて日本では、社員10人より1000人の企業、利益10億円より100億円の企業のほうが「良い会社」「価値のある会社」とされてきた。しかし現在、社員一人当たりの利益がどうなのかという点が、企業価値を測る基準となりつつ

ある。つまり、社員１０００人で利益１００億円の企業よりも、社員10人で利益10億円の企業のほうが、10倍、「良い会社」「利益を生む」会社といえる。

株式に関する投資尺度でも、現在ではＰＥＲ（株価利益率）やＰＢＲ（株価純資産倍率）という言葉がよく使われるようになった。前者は、株価が一株当たり純利益の何倍なのかを表し、後者は株価が一株当たり純資産の何倍なのかを表す。一般に、利益成長率が高ければ高いほどＰＥＲは高くなり、ＰＢＲが１より小さい場合、その企業には悲観的要素があるように受け取られる。

このように、かつては物事を「足し算の和」として捉えていたものが、現在では次第に「割り算の商」として捉える時代になってきた。すなわち、現代は、「比」と「割合」の概念がより重要になってきた時代であるといえる。

ところが困ったことに、現在の若い世代の人たちは、この「比」と「割合」の概念が特に苦手なのである。実際、２０１２年度の全国学力テストから加わった理科の中学分野（中学3年対象）で、10％の食塩水を１０００グラムつくるのに必要な食塩と水の質量をそれぞれ求めさせる問題が出題されたが、「食塩１００グラム」「水９００グラム」と正しく答えられたのは52・０％にすぎなかった。昭和58年に、同じ中学3年を対象にした全国規模の学力テストで、食塩水を1000グラムではなく100グラムにしたほぼ同一の問題が出題されたが、この時の正解率は69・8％だった。

「ゆとり教育」の影響があるとはいえ、これほどの差が出たことに私は愕然《がくぜん》としたことを覚えている。さらに、当時と現在の大学入試の難易度を加味して考えると、この正解率の差は、その差以上の意味を持っていることは容易に想像できるだろう。

算数・数学の前に「国語力」

大学生に対する初年次教育などを担当している複数の大学の教員からの情報を交えると、この比と割合に関しては、これ以外にも様々な問題点が見えてくる。

たとえば、比の式「a：b＝2：3」における、「：」という記号を一度も見たことがないという学生がいるという。また、0・01と100分の1が同じであることが分からない学生がいるという。さらに、1000円の3割増しが「1000×1・3」であると説明しても分からない学生がいるという……。このような話は枚挙にいとまがない。これらは、「ゆとり教育」における算数・数学教育の「負の遺産」かもしれない。

しかし、「負の遺産」は算数・数学だけの問題ではない。その前に、「国語の問題」があるのを、「就活の算数」におけるボランティア授業の経験から私は感じ取っている。私自身は小学生の頃から現在に至るまで国語は苦手なので、国語について詳しく言及するのは差し控えたい。ただ、どうしても言及しておきたい気持ちも一方ではある。したがって、本書では若干、国語についても触れさせていただきたい。

そもそも国語教育の主な目的は、情緒的な内容であっても論理的な内容であっても、文章を読み取る力と文章を表現する力を身に付けることではないだろうか。これは、すべての教科を学ぶ基礎となる。したがって、国語教育というのは、過去も未来も小学校教育の柱であり続ける。

次章では主に、数学の問題をマークシート方式にしてしまうことの問題点、すなわち、「答えを導く」ということが重要な数学という教科が、「答えを当てる」教科になってしまったことの問題点を様々な角度から述べる。しかし、数学と同様、国語についても「文章の読み・書き」を重視するという意識が薄れ、「いかにして答えを当てるか」という意識が強くなってしまったのではないかと推測する。これが、真の国語力の育成にマイナスになってしまっている面があると私は心配している。

「読み取る力」が劣化している

比と割合の話に戻ろう。比と割合の問題では、いろいろな表現が出てくることに注意したい。まずは、次の4つの表現を見ていただきたい。

・〜の……に対する割合は○%
・……に対する〜の割合は○%
・……の○%は〜
・〜は……の○%

これは、どれも同じことを言っている。
たとえば、200グラムの30%は60グラムだが、この60グラムは、

$$200 \times 0.3 = 60$$

という式から得られる。

この問題を間違えてしまう場合、このとき、「の」の前にある「……」に、「の」の次にある○％をかけると「〜」の部分が求まる、という解釈をすることによって生じる。つまり、「やり方」だけを覚えてしまったために間違えてしまうのだ。

この種の問題で重要なことは、「元にする量」と「比べられる量」であり、それが何であるかを少し考えてみれば、それほど難しい問題ではない。ところが、「元にする量」と「比べられる量」が何であるかを読み取る国語力、あるいは読み取ろうとしない国語力に問題があるので混乱してしまうのだ。

次章では、国語の問題から入り、数学の問題をマークシート方式にすることの問題点について徐々に考えていこう。

［第2章］

マークシート式問題の本質的な弊害

２−１　国語のマークシート式問題を考える

国語に関する二つの例題

数学のマークシート式問題について述べる前に、国語のマークシート式問題も「考える力」と「書く力」を育む点で少なからず疑問があることを述べたい。もちろん私は国語が専門ではないので、あまり深入りして論じることはできない。しかしながらマークシート式問題全般を考えるとき、数学だけに特化した深刻な課題と捉えることは大きな間違いであり、他教科と一緒に考えるべきことだと私は考えている。

まず、二つの例題を挙げよう。例題１はやさしく作った問題で、例題２はやや難しく作った問題である。とりあえずこの２題を読んでいただき、後で国語のマークシート式問題全般について考えてみよう（例題１と例題２の正解と解説は、61ページ以降を参照）。

【例題1】

次の文章は、芥川龍之介の小説『羅生門』の一節である。舞台は地震や火事や飢《き》饉《きん》などの災いが続く京都で、四、五日前に長年使われていた主人から、暇を出された下人《げにん》が、引き取り手のない死体が捨てられていくという荒れ放題の羅生門の下で、夕方、行く当てもないまま、一人雨宿りをしている場面である。

これを読んで、後の問いに答えよ。

下人は、守宮《やもり》のように足音をぬすんで、やっと急な梯子を、一番上の段まで這うようにして上りつめた。そうして体を出来るだけ、平《たいら》にしながら、頸を出来るだけ、前へ出して、恐る恐る、楼の内を覗《のぞ》いて見た。

見ると、楼の内には、噂に聞いた通り、幾つかの死骸《しがい》が、無造作に棄ててあるが、火の光の及ぶ範囲が、思ったより狭いので、数は幾つともわからない。ただ、おぼろげながら、知れるのは、その中に裸の死骸と、着物を着た死骸とがあるという事である。勿論、中には女も男もまじっているらしい。そうして、その死骸は皆、それが、かつて、生きていた人間だと云う事実さえ疑われるほど、土を捏《こ》ねて造った人形のように、口を開《あ》いたり手を延ばしたりして、ごろごろ床の上にころがっていた。しかも、肩とか胸とかの高くなっている部分に、ぼんやりした火の光をうけて、低くなっている部分の影を一層暗くしながら、永久に唖《おし》の如く黙っていた。

下人は、それらの死骸の腐爛《ふらん》した臭気に思わず、鼻を掩《おお》った。しかし、その手は、次の瞬間には、もう鼻を掩う事を忘れていた。ある強い感情が、ほとんどことごとくこの男の嗅覚を奪ってしまったからだ。

下人の眼は、その時、はじめてその死骸の中に蹲《うずくま》っている人間を見た。檜皮色《ひわだいろ》の着物を着た、背の低い、痩《や》せた、白髪頭《しらがあたま》の、猿のような老婆である。その老婆は、右の手に火をともした松の木片《きぎれ》を持って、その死骸の一つの顔を覗きこむように眺めていた。髪の毛の長い所を見ると、多分女の死骸であろう。

下人は、六分の恐怖と四分の好奇心とに動かされて、暫時《ざんじ》は呼吸《いき》をするのさえ忘れていた。旧記の記者の語を借りれば、「頭身《とうしん》の毛も太る」ように感じたのである。

すると老婆は、松の木片を、床板の間に挿して、それから、今まで眺めていた死骸の首に両手をかけると、丁度、猿の親が猿の子の虱《しらみ》をとるように、その長い髪の毛を一本ずつ抜きはじめた。髪は手に従って抜けるらしい。

その髪の毛が、一本ずつ抜けるのに従って、下人の心からは、恐怖が少しずつ消えて行った。そうして、それと同時に、この老婆に対するはげしい憎悪が、少しずつ動いて来た。——いや、この老婆に対すると云っては、語弊《ごへい》があるかも知れない。むしろ、あらゆる悪に対する反感が、一分毎に強さを増して来たのである。この時、誰かがこの下人に、さっき門の下でこの男が考えていた、饑死《うえじに》をするか盗人《ぬすびと》になるかと云う問題を、改めて持出したら、恐らく下人は、何の未練もなく、饑死を選んだ事であろう。それほど、この男の悪を憎む心は、老婆の床に挿した松の木片《きぎれ》のように、勢いよく燃え上り出していたのである。

下人には、勿論、何故老婆が死人の髪の毛を抜くかわからなかった。従って、合理的には、それを善悪のいずれに片づけてよいか知らなかった。しかし下人にとっては、この雨の夜に、この羅生門の上で、死人の髪の毛を抜くと云う事が、それだけで既に許すべからざる悪であった。勿論、下人は、さっきまで自分が、盗人になる気でいた事なぞは、とうに忘れていたのである。

（芥川龍之介『羅生門』青空文庫より）

問題1

「ある強い感情」の説明で、最も適当なものを次の選択肢から１つ選べ。

(ア) 腐乱したたくさんの死骸を見て、驚きのあまり失神するほどの衝撃を受けた。

(イ) 腐乱した死骸が無造作に転がっている様を見て、その場をとっさに逃げたくなった。

(ウ) たくさんの死骸の中でうごめく人間を見て、強い侮蔑の念が湧いてきた。

(エ) たくさんの死骸の中でうごめく人間を見て、恐怖心と好奇心を抱いた。

問題2

「それだけで既に許すべからざる悪であった」とあるが、なぜ下人はそう判断したのか。最も適当なものを次の選択肢から1つ選べ。

(ア) いくら死人でも髪を抜かれることは本人が望まないだろうから。
(イ) 理屈では説明できない、人間がもつ直観的に悪を憎む心から。
(ウ) 老婆の様子があまりにも異様であるため、悪人に違いないから。
(エ) 自分が盗人になろうとしたことを隠すために正義感を振りかざそうとして。

【例題２】

次の文章は、伊丹万作のエッセイ「顔の美について」の一部である。これを読んで、後の問いに答えよ。

私は時たま自分の顔を鏡に見て、そのあまりにまとまりのないことに愛想が尽きることがある。私の顔をまずがまんのできる程度に整えるためには私は歯を喰いしばり、眉間に皺を寄せて、顔中の筋肉を緊張させてあたかも喧嘩腰にならねばならぬ。しかし二六時中そんな顔ばかりをして暮せるものではない。おそらくひとりでぼんやりしているときは、どうにもだらしのない顔をしているのであろう。その時の自分の顔を想像するとちょっと憂鬱になる。気どったり、すましたりしていないときでも、いつ、どこからでも十分観賞に堪え得る顔になれたら自由で安心でいい心持ちだろうとは思うが、他人から見て立派な顔と思われる人でも、本人の身になれば、案外不安なものかもしれない。

近ごろは西洋かぶれの流行から一般の美意識は二重まぶたを好むようであるが、あまりはっきりした二重まぶたは精神的な陰翳《いんえい》が感じられなく甘いばかりで無味乾燥なものである。東洋的な深みや味は一重まぶたもしくははっきりしない二重まぶたにあり、長く眺めて飽きないのはやはりこの種の顔である。近ごろばかな人間が手術をして一重まぶたから二重まぶたに転向する例があるが、もったいない話である。それも本当に美しくなれるならまだしもであるが、手術後の結果を見るとたいがい夜どおし泣きあかしたあとのような眼になってしかも本人は得意でいるから驚く。

いったい医者という商売はどういう商売であるか。自分の商売の本質をよく考えてみたらこんな畠ちがいの方面にまで手を出せるわけのものではあるまい。人生の美に関する問題はすべて美術家の領分である。その美術家といえども神の造った肉体に手を加えるなどという僭越は許されない。仕事の本質がいささかも、美に関係なく、したがって美が何だか知りもしない医者が愚かなる若者をだまして醜い顔をこしらえあげ、しかも金を取っているのである。

生れたままの顔というものはどんなに醜くても醜いなりの調和がある。医者の手にかかった顔というものは、無惨や、これはもうこの世のものではない。もし世の中に美容術というものがあるとすれば、それは精神的教養以外にはないであろう。顔面に宿る教養の美くらい不可思議なものはない。精神的教養は形のないものである。したがって目に見える道理がない。しかしそれが顔に宿った瞬間にそれは一つの造形的な美として吾人《ごじん》の心に触れてくるのである。

（伊丹万作『顔の美について』青空文庫より。「徹宵」を「夜どおし」に修正）

問題１

筆者が自分の顔を見て「あたかも喧嘩腰にならねばならぬ」と思うのはなぜか、最も適当なものを次の選択肢から１つ選べ。

（ア）いつ、どこからでも十分観賞に堪え得る顔でありたいから。

（イ）がまんができる程度の顔にするためには顔を作っていかなければならないから。
（ウ）二六時中顔中の筋肉を緊張させているわけにはいかないから。
（エ）どうにもだらしのない顔をしているのがいやだから。

問題2

「本人の身になれば、案外不安なものかもしれない」と思うのはなぜか、最も適当なものを次の選択肢から1つ選べ。

（ア）自分の顔は自分では見えないから。
（イ）人は他人にほめてもらわないと、自分の顔が立派かどうかなど全く分からないから。
（ウ）人の気持ちは他人には分からないものだから。
（エ）他人が立派だと思っていても、本人がそう思っているかどうかは分からないから。

問題3

「医者の手にかかった顔というものは、これはもうこの世のものではない」とはどういう意味か、最も適当なものを次の選択肢から1つ選べ。

（ア）化け物のような醜い顔という意味。

（イ）元の顔とは似ても似つかない顔という意味。

（ウ）生れたままの顔が持っている調和を失った顔という意味。

（エ）精神的教養を持たない顔という意味。

問題4

「精神的教養は形のないものである。しかしそれが顔に宿った瞬間にそれは一つの造形的な美として吾人の心に触れてくる」とはどういう意味か、最も適当なものを次の選択肢から1つ選べ。

（ア）精神的教養があるとそれは顔に現れ、人の心を打つ。

（イ）精神的教養は顔の中で自己主張をして存在感を持つ。
（ウ）精神的教養は形がないからこそ大切である。
（エ）精神的教養がない顔というのは見るに堪えない。

問題5

筆者がこの文章を通してとくに言おうとしていることは何か、最も適当なものを次の選択肢から1つ選べ。

（ア）整形手術は人の顔を美しくはしない。
（イ）顔を美しくしようとするなら精神的教養を身につけるしかない。
（ウ）いつ、どこからでも十分観賞に堪え得る顔にならねばならない。
（エ）生れたままの顔こそが調和のとれた顔である。

正解と解説

【例題１】

問題１

正解（エ）

解説：本文中に（ア）、（イ）、（ウ）に相当する記述はないが、「六分の恐怖と四分の好奇心とに動かされて」という記述があるため、（エ）が正解となる。

問題２

正解（イ）

解説：本文中に（ア）、（ウ）、（エ）に相当する記述はないが、「あらゆる悪に対する反感が、一分毎に強さを増して来たのである」という記述があるため、（イ）が正解となる。

【例題2】

問題1

正解（イ）

解説：ここでは「歯を喰いしばり、眉間に皺を寄せて、顔中の筋肉を緊張させせ」と書いてあり、物理的に顔の造形を変えるべく奮闘しているわけだから、（ア）や（エ）から一歩踏み込んで「顔を作っていく」という言葉が入っているものを選ぶ。

問題2

正解（エ）

解説：(ア）は内容への踏み込みが足りない。(イ）と(ウ）はそれぞれ「全く」や「(そういう）ものだ」など強い断定が入っていて、筆者の考えを読み取る問題においては主観性が強過ぎて不適切。

問題3
正解（ウ）
解説：問われた文の直前の文を読めば、（ウ）が正解であることが分かる。

問題4
正解（ア）
解説：（イ）、（ウ）、（エ）は本文中に相当する記述はない。

問題5
正解（イ）
解説：人の顔の美に関するエッセイのまとめと捉えることにより、（イ）が最も適当である。

テクニックを学ぶことに意義はあるか

この二つの例題に関しては、解釈についての違いなどもあるので読者の方々からすると疑問が残る点はあるかもしれない。しかし、その目的は、これから述べることの準備である。それゆえ、疑問点などに関しては大目に見ていただきたい。

「文章をよく読んで、じっくり考えて、論理的な文にまとめる」という一連の作業を考えると、元来、そこにはここに挙げた問題のように、「与えられた選択肢から選ぶ」という作業は入らない。フランスの大学入学資格試験の「バカロレア」は長時間に及ぶ試験で、「自分でじっくり考えて、いかに論理的にしっかり説明できるか」を問う記述式の試験である。したがって、例題1、2のようなマークシート式の試験だけに慣れた者にとってバカロレアは、「こんな試験が世にあるとは!」と絶句してしまう試験だろう。

一方、アメリカの全国規模のSAT(大学進学適性試験)はマークシート形式が中心であるが、小論文もある。さらに、アメリカの高校や大学教養の授業では「論述文」の学習に特に力を入れていることに留意したい。ここではフランスとアメリカを例に挙げたにすぎないが、両国では、マークシート式問題の解法に軸足を置いた日本の学びとはかけ離れていることが分かるだろう。

私が国語の試験で望みたい形式は、たとえば前述の例題において、「最も適当なものを次の選択肢から1つ選べ」という部分がない完全記述式の試験である。なぜなら、実社会で生きていくための学びという視点で考えると、「選択式」で問題を解き続けていても、「答えを当てる」ことに意識が向くだけで、「自らの頭で考え」「根本から理解する」力はつかないからだ。

さらに前述の例題からも分かるように、国語のマークシート式問題では「正解として不適当なものの排除」が本質的に重要となってしまう。国語のマークシート式問題の解法を学んだことがある高校生なら、「断定的に言い切っている選択肢は、正解になる可能性が極めて低い」という〝格言〟はよく知っている。

一方、「解答群の候補が、設問の傍線部の前後2行に述べられているか否かをチェックせよ」「英語の長文読解にある注は無視してもよいが、国語のそれは正解を見つけるヒントになる場合が多い」「選択肢の文に具体的なことが書かれていると、それは排除するポイントになりやすい」等々、マークシート式問題を解くための様々な〝テクニック〟というものがある。

では、このような格言やテクニックを駆使してマークシート形式の問題が解けるようになる学びに膨大な時間を費やすことは、果たしてどれだけの意義のあることだろうか。

国語に関する問題については一旦ここで置き、次節から数学のマークシート式問題について考えてみよう。

2－2　答えを当てる技術がものをいい、良心的答案は不利になる

マークシートでは「3」が有利？

大学入試センター試験や各大学の一般入学試験は、試験時間に余裕が少ないのが普通である。特にマークシート式問題というのは、ゆっくりと考える暇を与えない。念のために付け加えておくと、マークシート式問題は機械にかけて採点される。すると、受験生の心理としては、テレビのクイズ番組で「ピンポン」とブザーを鳴らす早押しテクニックのように、「素早く答えを当てればよい」という思いが働くのは自然なことだろう。

それでも時間が足りなくなり、残り1分となったときも諦めてはいけない。解答群が5～10個あれば、先頭から「3」番目に全部マークをするとよい。これは、過去に行われた様々なジャンルのマークシート式問題の正答分布からいえることである。作問者側の心理として、

最初と2番目に正解を置くのは意外と勇気がいるものであり、逆に、正解を最後のほうに置くことにも躊躇《ちゅうちょ》する傾向がある。したがって、正解は「3」番目に落ち着くことが多い。

受験生の中には、減点法――無解答には加点も減点もしないかわりに、誤解答には減点する方法――で採点されたらどうしようかと心配する者もたまにいるが、私の知る限り、マークシート式問題を減点法で採点したという話は聞いたことがない。それだけに、試験時間が足りなくなって残り1分となったときは、残り全問を「3」番目にマークするとよいということになる。

私は複数の大学に専任教員として所属してきたが、授業と、教室主任や大学院幹事を除く補職として、入試、広報、就職に集中的に携わってきた。これら3つの補職に費やした合計時間に関してだけは、誰にも負けない自信がある。もっとも、これには人事、教務、学生、図書などの地味な補職を逃げまくってきた面もあるが。

したがって、当然、マークシート式問題の答案を機械にかける前に、責任者としてチェックのための手採点を何回も行ってきた。そこで見た答案の中には、後半の解答欄に一切マークをしていないものも何枚も見てきた。教員研修会で知り合った高校の教員からは、「自分で解いていない問題の解答欄には、どうしてもマークできない正直な生徒がいます」と言われて、妙に納得したことがある。

そのような答案に対しては、「正直であることは素晴らしいけど、少し要領が悪いな」とは思う。一方、「救済はできないけど、これは気の毒だな」と思う答案をたまに見かけることがあった。その一つは、分数の「2/3」は「ア/イ」と表記されるが（マークシートでは分子が先で分母が後）、アに3をマークして、イに2をマークしたと思われる答案である（分数の読み方通りにマーク）。

もう一つは、うっかりミスと思われるような、解答欄の途中から、正解が一つずつずれてしまってマークしたと思われる答案である。これは、「あれっ、これは一つずつずらすと残りは全部正解になるな」と、偶然に発見したことで分かった。

このような答案を見たときは、「マークシート式でなければ、この生徒は合格したのに。機械で〝公平〟に採点するような冷徹さを受け入れるのは悲しい」という、気の毒な気持ちを通り越した感情を抱《いだ》いてしまった。なぜなら、通常、そのようなうっかりミスの答案は、記述式では救済されるからだ。

実際、記述式答案で異なる解答用紙（解答欄）に答えを間違って書いた答案に関しては、少なくても私が知る限りにおいて、異なる解答用紙（解答欄）を採点者同士で慎重に確かめ

問題　$xyz=1$ならば、

$$\frac{2x}{xy+x+1}+\frac{2y}{yz+y+1}+\frac{2z}{zx+z+1}=\square$$

合って採点したことを思い出す。

ゆがんだ問題ばかり増える

ここまで述べてきたことだけでは、「どこにもマークをしない無解答の部分を残したり、分母と分子を間違えたり、一つずつずらして解答したりする生徒のほうが問題で、同情する余地は一切なし」と思われる読者もいることだろう。

しかし、そのような意見をもつ方々も、次の入試問題と解答方法を見れば、マークシート式問題の〝公平性〟に対して少なからず疑問をもつだろう。

たとえば、上の問題を見てみよう。この問題を考えるとき、

$$x=y=z=1$$

という特殊な状況を仮定すると、右辺に□がある式の左辺の３つの項はどれも、分子が２、分母が３となる。そこで、「$\frac{2}{3}$」を３つ足して□は２で

あることが分かる。

　もちろん、この方法は記述式答案なら0点の答案である。なぜなら、「$xyz=1$」という条件を満たすすべての場合について、□が2になることを示してはいないからだ。当然、記述式答案で満点の正解を得るためには、「$xyz=1$」から導かれる文字式の計算をしばらく続けて、最後に文字が鮮やかに消えて、答えの「2」が出る方法で書かなくてはならない。

　前者の間違った方法の解答も、マークシート形式ならば満点である。なぜなら、答えだけを機械で採点するので、受験生が前者の間違った方法で答えを出したのか、後者の正しい方法で答えを出したのかは確かめようがないからだ。また、良心的な答案を書くことを心がける受験生は、解答に要する時間を多く使ってでも、後者の方法で正解を導いていることが多い。

　困ったことに、この類《たぐ》いの、**文字に具体的な数字を入れて答えを当てる方法**で正解を見破ることができる入試問題は、過去いくらでも出題されている。さらに、この方法はまるで伝染病のように受験生の間に広がっている。実際、記述式答案であっても、この方法で答えを導こうとする奇妙奇天烈《きてれつ》な答案が後を絶たない。

　呆れたことに数学科に入学した学生の中にも、文字計算を行わないでこの方法を期末試験の答案に書く者もいる。そのような学生は後で呼び出して目の前で×を付けて説明するが、力余って過去何枚も答案用紙を破ってしまい、逆に学生に頭を下げたこともある。

次の第3節で紹介するが、ここで述べたもの以外にも、数学マークシート式問題に対する裏技はいろいろとある。もちろん、出題者側は裏技が使えない問題を作ろうとする。実際、マークシート形式の入試問題を出題する会議で「この問題は数学の問題としては良問だと思います。しかしながら裏技ですぐに答えがバレますので、没にした方がいいでしょう」と過去に何回も発言したことを思い出す。

つまり、マークシート式問題というのは、まんべんなく広い分野から出題できるものの、非常にゆがんだ問題ばかりに限定されてしまうという性質を持っている。たとえば証明問題は、マークシート形式の問題として出題することは無理である。要するに、マークシート形式では、数学として最も大切な、「筋道を立てて説明する」という問題は出題できないのだ。

これに関しては、第４節でより詳しく説明しよう。

2－3　裏技だらけのマークシート式問題

代表的な裏技

前節では、数学のマークシート式問題に関して、文字に具体的な数字を入れて答えを当てる方法を紹介した。数学のマークシート式問題に関しては、それ以外にも答えを当てる方法がいろいろある。もちろん、それらは〝裏技〟であって、その方法で記述式問題を解いても普通は0点となる。

本節では、数学のマークシート式問題に対する代表的な裏技を、内容（1）、（2）、（3）の順に説明しよう。また、（1）、（2）については、それぞれ二つずつの例題を紹介しよう。

なお、本書は数学書ではなく、あくまでも論理的に考えて書く力を訴えることが目的である。したがって、各例題はなるべくやさしいものにして、それぞれの裏技の内容が分かるように述べるものの、各々《おのおの》に関する正しい解答例を、数式の展開をきちんと示して記述することは割愛させていただく。

しかし一方で、数学に関心の強い読者も少なくないと想像することから、正しい解答例を

例題1.　次の式を計算せよ。

$$\frac{1}{x-1}-\frac{1}{x+1}-\frac{1}{x^2-1}-\frac{1}{x^4-1}$$

解答群　① $\frac{x^2}{x^4-1}$　② $\frac{x^2-1}{x^4-1}$　③ $\frac{x^2+1}{x^4-1}$　④ $\frac{x-2}{x^4-1}$

導く指針程度のことは書き記すことにしたい。

（1）文字に具体的な数字を入れて答えを当てる方法

まず、上の例題1を見ていただきたい。裏技の解答として、xに0を代入することを考える。このとき、問題に示された式の値は、

$$-1-1+1+1=0$$

となる。解答群の中でxに0を代入して0になるのは、①だけである。したがって、答えは①となる。

なお、文字に具体的な数字を代入したとき、たまに解答群にある正解の候補が複数残ることがある。その場合は、文字に別の数字を代入することによって答えはバレる。

たとえば、解答群の④の分子は「x − 2」ではなく「x」だとすると、xに0を代入しただけでは正解の候補として①と④が残る。この場合は、

たとえば x に2を代入することを考える。このとき、問題に示された式の値は、

$$1-\left(\frac{1}{3}\right)-\left(\frac{1}{3}\right)-\left(\frac{1}{15}\right)=\frac{4}{15}$$

となる。また、①と④それぞれの x に2を代入して「$\frac{4}{15}$」になるのは①である。

例題1の正しい解答は、問題の式を分母が「x^4-1」の分数で通分して計算すればよい。

次に、前節の問題の復習となる例題2を挙げよう。

例題2.

$$xyz=1,\ x+\frac{1}{x}=a,\ y+\frac{1}{y}=b,\ z+\frac{1}{z}=c$$

ならば、

$$a^2+b^2+c^2-abc=\square$$

裏技の解答として、$x=y=z=1$ の場合を考える。このとき、

$$a=b=c=2$$

となるので、

例題３.　　$\sin\theta - \cos\theta = 1$　のとき、

$\sin^3\theta - \cos^3\theta =$ ア

である。ただし、$\sin^3\theta = (\sin\theta)^3$，$\cos^3\theta = (\cos\theta)^3$
であり、アは０以上９以下の整数が入る（マークシート式問題の標準的な書式）。

$$\square = 4 + 4 + 4 - 8 = 4$$

を得る。

もちろん、記述式の答案でこのような解答を書いたら0点である。例題2の正しい解答は、「a, b, c」それぞれに問題の仮定で与えられた「x, y, z」で表される式を代入して、□の左辺を「x, y, z」の文字式として計算していく。ある段階で仮定の「xyz＝1」を代入すると「x, y, z」のすべての文字が消えて、最後に4が残る。

（2）大小関係を利用して答えを当てる方法

例題3に移ろう。裏技の解答として、問題の仮定などより、

$$\sin\theta = \cos\theta + 1 > \cos\theta,\ -1 \leq \sin\theta \leq 1,\ -1 \leq \cos\theta \leq 1$$

であるので（「≦」は「＜または＝」の意味）、

$$\sin^3\theta > \cos^3\theta,\ -1 \leq \sin^3\theta \leq 1,\ -1 \leq \cos^3\theta \leq 1$$

が成り立つ。
したがって、整数アの候補は1か2である。ここで、アが2となるのは、

$$\sin^3\theta = 1,\ \cos^3\theta = -1$$

すなわち

$$\sin\theta = 1,\ \cos\theta = -1$$

となるので、これは問題の仮定に反する。したがって、アは1となる。
例題3の正しい解答は、最初に

$$\sin\theta - \cos\theta = 1$$

の両辺を2乗して、それに公式

$$\sin^2\theta + \cos^2\theta = 1$$

を用いると、$\sin\theta\cos\theta$ が0であることが導かれる。次に、

$$\sin^3\theta - \cos^3\theta = (\sin\theta - \cos\theta)(\sin^2\theta + \sin\theta\cos\theta + \cos^2\theta)$$

と因数分解して、アが1となることが分かる。

次の例題4（78ページ）は、高い数学力を要求するある公的な機関の採用試験問題（対象は大卒以上）である（問題文の表現は修正）。

裏技の解答として、辺GFの中点をMとすると、直角をはさむ2つの辺の長さが1の直角

例題4． 四角形ABCDとDEFGは、どちらも２つの辺の長さが１と２の長方形で、点Gは辺ADの中点である。いま長方形DEFGを固定して、点Dを中心として長方形ABCDを右にゆっくり回転させ、長方形DEFGと重なったところで止める。このとき長方形DEFGにおいて、線分ADが回転して通った部分と重ならない斜線部分の面積を求めよ。なお、πは円周率である。

解答群　(ア) $\dfrac{6-\pi+\sqrt{3}}{3}$　(イ) $\dfrac{6-2\pi+\sqrt{3}}{3}$　(ウ) $\dfrac{12-\pi-3\sqrt{3}}{3}$

(エ) $\dfrac{12-2\pi-3\sqrt{3}}{6}$　(オ) $\dfrac{12-2\pi+3\sqrt{3}}{6}$

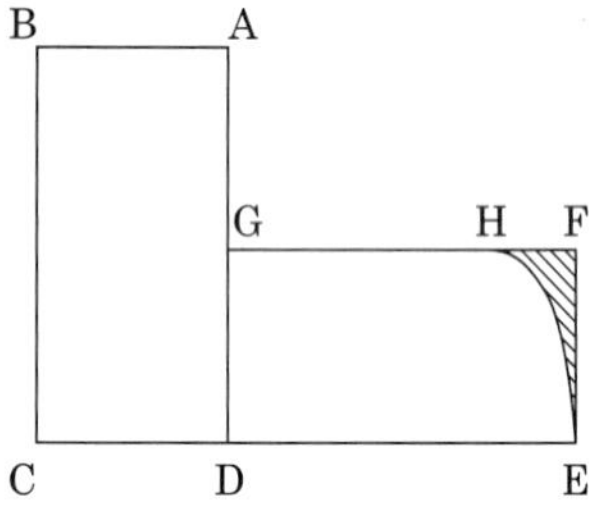

二等辺三角形ＭＥＦの面積は０・５である。また、求める斜線部分の面積はそれよりだいぶ小さいように見える。そこで、近似値

$$\pi \fallingdotseq 3.1,\ \sqrt{3} \fallingdotseq 1.7$$

を（ア）、（イ）、（ウ）、（エ）、（オ）それぞれに代入してみると、（ア）、（ウ）、（オ）は０・５より大きく、（イ）はほぼ０・５であることが分かる。したがって、答えは（エ）となる。

例題４の正しい解答だが、まず、線分ＧＤと線分ＨＤの長さはそれぞれ１と２なので、角ＨＤＥは30°であることが分かる。そこで、三角形ＧＤＨと扇形ＨＤＥの面積が求まるので、正解の（エ）が導かれることになる。

（３）学習指導要領からの制約と統計データからの予想

現在の高校数学Ⅱの教科書では、積分する多項式の次数は「２」以下である。参考までに、一昔前の高校数学Ⅱの教科書のそれは一般の自然数「ｎ」だった。現在はこのような奇妙な

制約があるので、「xの□乗」というものが積分の式にあれば、恐らく□は「2」が正解となるだろう。

そのような背景もあって、東京理科大学時代に大学院ゼミナール生と一緒に、大学入試センター試験の数学マークシート式問題を調べたことがある。ここでは、次の結果を紹介しよう。

高校数学IIの教科書での扱い方から、θを角度として「□θ」、「$\frac{\theta}{□}$」が現れる問題では、□はおそらく「2」になることが容易に想像できる。実際、1998年から2003年の大学入試センター試験の数学II・Bでは、8題中8題、すべて□は「2」だった。

統計データからの話題に目を向けると、まず根号記号「√」の中に一つの数字を入れる問題では、入る数字は2、3、5、6、7に限定されることが普通である。1990年から2003年のセンター試験の数学I・A、数学II・B両方合わせて調べたところ（2003年は本試験のみ）、表1を得た。この表を見れば、「何も分からないときは、3にマークせよ」という奇妙な指導があっても不思議ではないだろう。

根号の中	2	3	5	6	7
正解数	48	83	44	24	8

表1

次に、「一般に4択、5択問題では、解答群の最初と最後が正解になる割合は低い」という話を様々な試験でよく聞くが、１９９０年から２００３年のセンター試験の数学Ⅰ・A、数学Ⅱ・B両方合わせて調べたところ（２００３年は本試験のみ）、次の結果を得た。４択問題では、最初または最後が正解となったものは40題中12題。５択問題では、それは13題中２題であった。この結果を見れば、この種の問題に関しては、「何も分からないときは、両端を外してマークせよ」という奇妙な指導があっても不思議ではない。

他にも、各事項それぞれに対応する裏技のようなものがいくつもあるが、あまり専門的なことを述べても仕方がないので、次節の話題に移る。

２－４　マークシート式問題では出題できない問題に良問あり

数学はプロセスが重要

数学は、いくつかの公理系からなる世界で「何が成り立ち、何が成り立たないか」を厳密に証明する学問であり、プロセスを特に重視する。したがって、答えを当てさえすればよい数学のマークシート式問題は、そもそも「数学の問題」と言えるのだろうかと自問することがある。実際、朝日新聞２００４年５月30日「東北大理学部入試の数学とセンター入試の数学の過去3年間分の相関」の記事では、「1次のマークシート式と2次の論述式の相関関係は無かった」、すなわち、マークシート式と論述式の出来不出来は無関係だったという指摘がある。

こうした状況は仮に我慢できるとしても、どうしても我慢できないことがある。それは、数学として意義のある良問が、マークシート式問題では出題できないことだ。次に挙げる3つの証明問題はその例であるが、これらの問題に関してだけは本論の説明上、例外的にきちんとした解答も載せる。そして、解答を述べた後に、マークシート式問題では日の目を見ない重要な内容を指摘したい。

マークシート形式の数学問題に反対する理由の核心は、前節で述べた内容よりも、本節で訴えている内容となる。

自分で考え、書かなくては意味がない

2011年に日本数学会は、日本の大学生約6000人に対して「大学生数学基本調査」を実施した。その結果は2012年2月に発表され、注目すべき点がいくつもあった。問題1は中学2年レベルの問題であるが、これも調査対象の一つとして出題された。

問題１．偶数に奇数を足すと奇数になることを証明せよ。

解答。偶数は2m、奇数は2n＋1とおくことができる。ただし、mとnは整数である。このとき、

$$2m + (2n+1) = (2m+2n) + 1$$
$$= 2(m+n) + 1$$

となり、2(m＋n)＋1は奇数なので、偶数に奇数を足すと奇数になる。

結果は、正答、または準正答とされたものが、入試で記述式試験を実施している国公立最難関大クラスでは76・9％、入試では主にマークシート式試験の私立最難関大クラスでは27・8％、その他は8割以上が誤解答だった。

この問題の誤答で目立つものとして、偶数と奇数の和を「2mと2m＋1の和」というように、隣同士の数の和として表すもの、あるいは「6＋1＝7，4＋5＝9」などの一例を挙げて一般論が完了したと考えるもの、等々があった。これは、文字を使って一般化して表すということが、ほとんど理解されていないことを示している。

そのようになった原因の一つには、前節で紹介したマークシート式問題に対する様々な裏技の学びもあるだろう。

問題２（84ページ）に関して注目していただきたいのは、山頂に至るまでの登山ルートは複数個あるように、数学の問題の解法も、複数個あることが当たり前であるという点だ。どの道

問題2.　初項がa、公比がrの等比数列の一般項a_nは、$a_n = ar^{n-1}$と表せる。ただし$r \neq 0, 1$とする。この数列の初項から第n項までの和をS_nで表すとき、

$$S_n = \frac{a(1-r^n)}{1-r}$$

が成り立つことを証明せよ。

解答。　$S_n = a + ar + ar^2 + ar^3 + \cdots\cdots + ar^{n-1}$
であるが、この式の両辺にrを掛けると、

$$rS_n = ar + ar^2 + ar^3 + \cdots\cdots + ar^{n-1} + ar^n$$

を得る。ここで、上の式から下の式を辺々引くと、

$$S_n(1-r) = a - ar^n$$

それゆえ、　$S_n = \dfrac{a(1-r^n)}{1-r}$
が導かれる。

別解。与式をnに関する数学的帰納法で証明する。
$n=1$のとき、$S_1 = a$，　$\dfrac{a(1-r^1)}{1-r} = a$
であるので、与式は成り立つ。
$n=k$のとき与式は成り立つとすると、

$$S_k = \frac{a(1-r^k)}{1-r}$$

である。この式の両辺にar^kを加えると、

$$S_k + ar^k = \frac{a(1-r^k)}{1-r} + ar^k$$

$$S_{k+1} = \frac{a(1-r^k) + ar^k - ar^{k+1}}{1-r}$$

$$S_{k+1} = \frac{a(1-r^{k+1})}{1-r}$$

となるので、$n=k+1$のときも与式は成り立つことになる。
したがって数学的帰納法により、すべての自然数nについて与式は成り立つ。

問題３．　３つの自然数p, $p+2$, $p+4$がすべて素数になるのは、$p=3$の場合に限ることを証明せよ。

解答。背理法によって証明する。３以外の素数pに対して$p+2$および$p+4$も素数になるとして、矛盾を導くことにする。まず明らかに、pは５以上である。またpは素数であるから、pが３で割り切れることはない。よって、pを３で割ると余りは１または２である。

pが３で割って余りが１のとき、$p+2$は３で割り切れることになり、$p+2$が素数であることに反して矛盾である。

pが３で割って余りが２のとき、$p+4$は３で割り切れることになり、$p+4$が素数であることに反して矛盾である。

以上から、問題３は証明されたことになる。

を辿って山頂を目指すかは各自の思いに任せればよいのと同様、どの解法で問題を解くことにチャレンジするかは各自に任せればよい。自分に合った〝ルート〟を見つけることも大切な学びである。

ところが数学のマークシート式問題では、解答方法までいちいち決められている。およそ日常の現実問題を解決するとき、どのような方法で解決するかは各自の判断に任せるべきことで、それをいちいち横から口出しすることは歓迎されることではない。まずは解答者が思い思いに解くことを優先し、いずれ様々な登山ルートを知るように様々な解答方法を学べばよい。

数学を好きになりかけた子どもたちが不満に思うことの一つに、この「解答方法の指定」があることを忘れてはならない。

物事をいろいろな場合に分けて考えることは、それぞれに条件が付くことになるので、場合分けしないで考えるより、強い議論が展開できる。また、結論を否定して矛盾を導く背理法は、犯罪捜査で容疑者にアリバイが成立してシロと判断されるときのように、現実の問題でも意外と多く使われている。

問題3（85ページ）のような問題を強引にマークシート式問題にすることは不可能ではないが、それでは「場合分け」や「背理法」といった重要な論理展開の力はほとんど身に付かないだろう。すなわち、自分で考え、自分で全文を書かなくては意味がないのだ。

2－5　大学入試でマークシート式問題は止められないのか

次々と誕生する「欠落教員」

本章でこれまで述べてきたことから、答えだけ当てればよいマークシート形式問題では、真の学力を測ることはできないことは理解していただけるだろう。それどころか、マークシート形式の問題に対する解法テクニックを学ぶことは、ゆがんだ学びを助長する面があることも分かるだろう。

前述したように、特に数学は、いくつかの公理系からなる世界で「何が成り立ち、何が成り立たないか」を厳密に証明する学問であり、プロセスを最も重視する。それゆえ、本来あるべき論述式の数学の問題と、プロセスを軽視したマークシート形式の問題とは相いれない。

第3章では、教員免許や教員採用について一節を設けて詳しく論じるが、私は大学教員人生の35年間で、ゼミの卒業生で正規の数学教員になった者が約２００人、また、数学教育活動の20年間で、大・小合わせて約２００箇所の教員研修会で講演を行ってきた。そのような長い経験を通していま一番憂慮しているのは、一部の教員の説明力と証明文を書く力が著しく低下していることである。

次章では具体的に数字を挙げて示すが、現在、数学の教員になることに関しては、地方では相変わらず厳しいものの、大都市圏ではあまり厳しくない。これは、過疎化が進行している地方とそうでない大都市圏、理数系の授業を大幅に削減した「ゆとり教育」の見直しによる理数系教員の増加、団塊世代後半の教員の退職などが、その理由である。最近では大都市圏の採用担当者が、地方の教員採用試験が不合格になった者を積極的にスカウトしているほどである。

採用試験の問題は、地方では主に記述式、大都市圏では主にマークシート形式である。そのような状況から、答えを当てるマークシート形式の問題は解けるものの、生徒にいろいろな数学の概念を説明したり証明文を記述したりすることがあまり得意でない教員が、大都市圏では次々と誕生している。1990年代の半ばには、大都市周辺で高校の正規教員の採用が0人や1人の県がいくつもあり、その頃の悔しさが、私の数学教育活動を支えたバネになっていただけに、隔世の感がある。

論述力軽視のスパイラル

さて、ここで「三慧《さんえ》」の視点に触れたい。「知恵」という言葉は誰もが知っているだろう。同じ「ちえ」と発音しても、仏教では「智慧」と書くことがある。それは「聞慧《もんえ》」「思慧《しえ》」「修慧《しゅえ》」の三つの「三慧」から成り立つ。

聞慧とは、授業で聞いたり本を読んだりして、聞いたことや書いてあることを事実として知ること。

思慧とは、聞慧として身に付いた物事に関して、それらの間の繋《つな》がりを組み立てたり、それらの背景を理解したりするように、自分で考えることができること。

最後の修慧は、思慧として身に付いた物事に関して、きちんと説明できるように書いたり、それらをいろいろ応用して実践したりすることができること。

数学を学ぶ生徒や学生に求めるものは、思慧の段階でも仕方がないだろう。しかし数学の教員に求めるものは、修慧の段階でなければならないはずだ。「ゆとり教育」で育った世代の数学教員を大量に採用する背景に「ゆとり教育」の見直しがあるとは皮肉だ。しかし、説明力と証明文を書く力が得意とはいえない教員のレベルアップをいま図らなければ、いずれ論述力軽視のスパイラルが起こるのではないかと私は危惧している。

現在、（私立や国立の）中学入試、高校入試、大学入試を算数・数学で見比べると、特殊な反射的能力がものをいう中学入試、記述式で論述力を見る高校入試、（ごく一部の私立と国公立２次を除くと）マークシート形式が主流の大学入試、ということができる。

全国の教員研修会の講演に出かけて行って気づくのは、論述力を大切にしている高校の教員が多くいるということだ。第３章でさらに具体的な提案をするが、こうした声があることから、高校サイドからも大学入試の姿に関する前向きな案を遠慮せずに出してもらいたい。論述力軽視のスパイラルがまだ起こっていない今は、そのチャンスの時だと私は訴えたい。

実際、私の本務校のリベラルアーツ学群では、２０１３年2月5日に行われた一般入試３日目の数学問題を、全問マークシート形式から全問記述式に改めた。その反響の大きさには驚くばかりだった。これをきっかけに、同年3月22日に開催の日本数学会教育委員会で講演（京都大学）を行い、またマスコミ各社からも次の記事のように注目された。朝日新聞教育欄（2012年10月12日付）、日経新聞一面（2012年10月21日付）、朝日新聞「私の視点」（2013年5月18日付）、読売新聞「論点」（2013年5月28日付）、等々。

さらに、2012年11月1日の中国・四国の算数・数学教員研修会で参加者約800人から一段と大きな拍手で声援されたように、小・中・高校の現場の先生方からの大学入試改革についての関心の高さを改めてうかがい知ることができた。思えば、2008年にノーベル物理学賞を受賞された益川敏英さんが受賞後の10月10日の記者会見で、「マークシートを使った現在の試験は改めたほうがよい」と述べられていたが、このとき、この忘れることのできない発言を思い出した。

日本の将来にとって何が大切か

ここで、歴史的な背景からマークシート形式の入試問題を考えてみよう。大学入試センター試験の前身である共通一次試験が1979年に導入された目的は、主に〝入試地獄の解消〟だった。ところが共通一次試験をしばらく行った結果は、当初から暗に予想されていたように、国公立のいわゆる難関大学の受験生にとっては二次試験の前にもう一回マークシート形式の試験が課せられることだけであった。

そのように共通一次試験の目的は曖昧となって、１９９０年からは「私立大学の参加」と「教科・科目等の自由な活用」を大きな相違点とした大学入試センター試験に移行した。注目すべきは、２０１２年から、センター試験の当初から参加していた慶応義塾大学が撤退したことだ。その背景には、学力に関する格差が拡大して中間層が抜けた現在の状況は、山型の正規分布をしたような昔の学力分布とは異なっていて、いわゆる難関私立大学として継続して参加する意義が疑わしくなったということがあるようだ。

一方、第2次ベビーブーム世代の大学入試を前にした１９８０年代に、数多くの私立大学は全問がマークシート形式の入試体制を続々と整えた。これは迫り来る大量受験生の時代をさばく対策として捉えると、それなりに納得できる面もあるだろう。しかし一方で、記述式の解答を一部分の設問に残した私立大学も少なくなかった点にも留意したい。

当時から、入試問題の全問マークシート化を急いだ私立大学経営サイドの理由には採点等の人件費削減もあるが、「真の理由」は、入学金を目的として合否をすぐに発表したいことだった。要するに、一日でも早く合否を発表して、一人でも多く入学金を納めてほしいという思惑である。これは、「経営」という立場を優先した結果だといえる。

最近の大学入学者の約7割は推薦入試かAO入試かマークシート形式の試験だけである。すなわち、その約7割は、面接での会話か、鉛筆で記号を塗ることによって合格していることになる。逆に言えば、「論述力」は著しく軽視されているということである。

こうした現状に目を向けて、日本の将来にとって、入試形式の本来の姿が「マークシート式」なのか「記述式」なのか、どちらが良いのかという問題をゆっくり考える暇は大学経営サイドにはないかもしれない。しかし、個人的には、ヨーロッパの国々の大学入試は現在でも原則「記述式」を採用している背景などにも目を向けてほしいと考えている。

第2次ベビーブーム世代の大学入試の頃は、私立大学は大量の受験生を抱えていた。当時は一般入試の受験生の数が学部単位で1万人を超えていたところが、現在は200人前後という私立大学はむしろ普通である。

それだけに、日本の大学経営者の方々には、大学入試の在り方が初等中等教育に大きく影響している点にも留意し、大学入試の在り方を大所高所の見地から改めて見直していただきたい。

私の提案

最後に、大学入試センターには大きな期待があることを述べておきたい。

第１章の第１節で紹介したように、１９９１年の大学設置基準の大綱化によって大学の教養組織は事実上、廃止、または縮小され、一般教養担当の多くの専任教員は不要になった。それが原因で、一部の大学では自前で入試問題を作ることができなくなり、２００７年７月６日の新聞各紙に載ったように、国語や数学などの大学入試問題の〝外注〟が次々と行われるようになった。

現在の入試問題外注には、外注先が入試問題を〝攻略〟する側であるという噂が絶えないこと、および事故が起こったときの責任の所在が不明なこと、などの問題を抱えている。その問題の対策として、大学の教養組織を復活させることも大切だが、大学入試センターのような公的な責任ある機関を拡充させ、そこで大学側の要望に合った入試問題の作成・採点を受け付けることを提案したい。

さらに、そのような組織を中心に「入学試験学」を起こすことも同時に提案したい。主たるテーマは、高校生や受験生の日頃の「学び」に対する良きアドバイスにもなるような視点をもって入試問題や採点方法を検討することのほか、受験生の入試の結果と入学後の状況の関係を調査することなどがある。それらは元来大切であるものの、今まではあまり組織的に研究されていなかった領域であろう。

最近、大学入試センター試験は5年後に廃止になるという報道があった。ここで述べた提案以外にも、将来的には一部で検討された教員免許取得の国家試験化の中心的役割も期待したい。

〔第3章〕

教育と入試のあるべき姿

３－１　「ゆとり教育」の本質は教育の格差拡大

可処分所得、相対的貧困率、子どもの貧困率

本章では、最初に社会の格差問題についてのキーワードである単語の定義から述べよう。この問題が論じられるとき、常に持ち出されるキーワードに「世帯の可処分所得」と「世帯の一人当たりの可処分所得」がある。まず、「世帯の可処分所得」とは、世帯の所得（世帯員全員の年間所得の合計）から税金と社会保険料を差し引いた残りの所得のことを指す。

一方、「世帯の一人当たりの可処分所得」はどうだろうか。世帯には、一人の場合もあれば、３人、４人の場合もあるように、その世帯員数はいろいろと異なる。したがって、「世帯の一人当たりの可処分所得」を考えるときに単純に思いつくのは、世帯の可処分所得を世帯員数で割ることだろう。

しかし、同じ家の中での生活では共用するものも多く、世帯員数で割ると、割る数が大きくなり過ぎると判断できる。なぜなら、世帯の可処分所得を世帯員数で割るということは、生活費の視点で見れば、同一家族で別々に並んだ家に一人ずつ住んでいることと同じになる

からで、ここには様々なものを共用する視点が全く含まれていない。

そこで現在、国際的に広く採用されている「世帯の一人当たりの可処分所得」はOECDの「等価可処分所得」というもので、

世帯の可処分所得 ÷ (世帯員数の正の平方根)

という式によって与えられる。

$\sqrt{1} = 1, \sqrt{2} = 1.414\cdots, \sqrt{3} = 1.732\cdots, \sqrt{4} = 2$

このことから、1人世帯、2人世帯、3人世帯、4人世帯それぞれの等価可処分所得は、世帯の可処分所得をそれぞれ1、1・414、1・732、2で割った商となる。

たとえば、夫婦共働きの2人世帯の可処分所得が1414万円の場合、その等価可処分所得は1000万円となる。また、父・母・子2人の4人世帯の可処分所得が1000万円の場合、その等価可処分所得は500万円になる。

この、国民全体の等価可処分所得を大小の順に並べて、その「中央値」の半分に満たない人の割合をＯＥＣＤは「相対的貧困率」と定義している。なお、データの中央値とは、それらを大小の順に並べたときの真ん中の値を指す。たとえば、奇数個のデータ

1　3　6　8　13　17　19

の中央値は「8」である。また、偶数個のデータ

1　3　6　8　13　17

の中央値は、真ん中にある2つの数6と8の平均値「7」がこれらの中央値となる。

厚生労働省発表のデータによると、１９８５年の日本の等価可処分所得の「中央値」は２１６万円で、その半分の１０８万円未満の相対的貧困率は12・０％であった。そして２００９年の等価可処分所得の「中央値」は実質で２２４万円（名目で２５０万円）、その半分の１１２万円未満の相対的貧困率は16・０％だった。なお、名目値とはその年の等価可処分所得

をいい、実質値とはそれを、1985年を基準とした消費者物価指数（持家の帰属家賃を除く総合指数）で調整したものである。

豊かな国の「中央値」と貧しい国の「中央値」には、生活実感として相応な開きがあるので国際比較はそれほど大きな意味があるとは思えないが、2003年の日本の相対的貧困率は14・9％だった。これは、OECD30カ国中27位の水準（悪い方から4番目）である。

それよりも注目したいのは、格差の拡大を示す相対的貧困率の数字が時系列的に大きくなっていることだ。日本の相対的貧困率は多少の凸凹はあるものの、1985年の12・0％から2009年の16・0％まで、徐々に大きくなっている。さらに注目したいのは、17歳以下の者を対象とした「子どもの貧困率」、すなわち17歳以下の子どもに占める「中央値」の半分に満たない17歳以下の子どもの割合が、1994年の12・1％から2009年の15・7％と、勢いを増して上昇していることだろう。

実は1990年代の半ばから2000年代にかけての10〜15年間という時期は、子どもの貧困率の推移と似たような社会現象がいくつもある。たとえば、内閣府が2009年7月に発表した年次経済財政報告は次のように述べている。

「非正規雇用化の動きは最近になって始まったものではなく、84年の非正規雇用比率15・3

%から08年の34・1%に至るまで一貫して非正規雇用比率は上昇している。しかし、その上昇テンポが加速したのは１９９７〜２００２年である」と。

また警察庁の「自殺統計」によると、１９７８年から１９９７年まで2万４３４人〜2万５５２４人の範囲で推移していた年間自殺者数は、98年にいきなり3万２８６３人となり、14年間連続で3万人を超えたのである（２０１２年は2万７８５８人）。

徐々に進行してきた「ゆとり教育」

ここで、「ゆとり教育」に至るまでの算数・数学に関する学校教育の歴史を簡単に振り返ってみよう。明治から昭和にかけての日本の学校教育は、「教科書が充実していた」という点に大きな特徴があった。

たとえば、尋常小学校から戦時中の国民学校を経て、２００１年まで用いられた教科書まで、算数では3桁同士の掛け算をしっかり学習させていた。ちなみに、これについての教科書における問題数は１９７７年の学習指導要領の改定以降、減少に転じ、「ゆとり教育」下の学習指導要領では2桁同士の掛け算を教えることに留《とど》めた。他にも、「３＋２×４」のような「＋」「－」「×」「÷」の四則混合計算の規則を理解させる問題数は、尋常小学校から

	①	②	③	④
A社（1970年）	60	133	87	200
A社（2002年）	0	39	0	64
B社（1970年）	12	33	92	201
B社（2002年）	0	22	0	63

表2

70年代の教科書までは「ゆとり教育」下のそれよりはるかに多くあった。

参考までに、算数・数学教科書でシェアの大きいＡ社、Ｂ社の教科書について、①小数・分数の混合計算（小学校教科書）、②３つ以上の数字が入った四則混合計算（小学校教科書）、③３桁×２桁以上の掛け算（小学校教科書）、④全文記述の証明問題（中学校教科書）、それぞれの問題数について、１９７０年と２００２年の比較調査を本務校のゼミナール生に教科書研究センターで調査してもらったので、その結果を上の表２に示そう。

教科書の充実と表裏一体の関係にある授業時間数を見てみると、１９７７年の学習指導要領の改定が実施された80年より前まで、小学校算数の全学年合計時間数は１０４７時間あり、中学校数学の全学年合計時間数は４２０時間あった。それらは改定のたびに減少し、２００２年以降の究極の「ゆとり教育」下の学習指導要領では小学算数が８６９時間、中学数学が３１５時間である。

他方、高校数学に目を向けると、細切れにされた現在の数学Ⅰ、数学Ⅱ、数学Ⅲ、数学Ａ、数学B、数学Cすべての合計時間数は昔と比べて少し減った程度だが、昭和40年代は高卒として社会に出る人たちでも、当時の数学Iと数学IIAの9単位が必修で、大学進学希望者は文系でも数学Iと数学IIBの10単位が必修だった。それが「ゆとり教育」下では、数学I（3単位）か数学基礎（2単位）の選択必修になった。最近では、大学理系学部進学者でも昭和40年代の数学Iと数学IIA程度の数学しか学んでいない者が多くいるので、一部の人たちを別にすると、理系学部でも何らかの〝補習〟が入学後に必要となっている。

なお、昭和40年代の高校数学教科書は、1年次の数学I（5単位）、2年次の数学IIA（4単位）、2年次の数学IIB（5単位）、3年次の数学III（5単位）から構成されていて、現在のような〝アラカルト方式〟とは異なり、筋が通ったものだった。

このように、「ゆとり教育」は２０００年代前半に突然降ってわいたものではなく、１９８０年代辺りから徐々に進行していったものと考えるのがむしろ自然である。そのクライマックスが２０００年代前半の学習指導要領の改定年度であることは確かだが、１９９０年代半ばに共に週刊ダイヤモンドへの寄稿文や著書等で教育の充実を求めて行動を起こした京都大学経済研究所の西村和雄教授や私は、１９９０年代前半の学習指導要領の改定に異議を唱え、２０００年代前半に予定されていた究極の「ゆとり教育」の実施を見送ることを求めた。

このように、私自身が用いる「ゆとり教育」には1990年代前半の学習指導要領の改定以降の学校教育も含めている。もちろん狭義の意味として、2000年代前半の学習指導要領の改定以降の学校教育を指すこともあるが、特に重大な混乱を招くこともないと考えて用いてきた。

「ゆとり教育」問題の核心

さて、ここまで述べてきたことは準備であり、これから述べることが核心部分となる。「ゆとり教育」の歴史が残した問題点として、私は次の点が重要であると考える。それは、(1)自信のない若者を大量に生んだこと。(2)自ら考えることなく、すぐに答えを知りたがる「やり方」依存症の若者を大量に生んだこと。(3)いわゆる「中間層」が抜け落ちたこと。(1)から順に考えてみよう。

(1)大量に生まれた「自信のない若者」

進駐軍が、戦前の日本の教育レベルが非常に高くて驚いていたことは周知の事実だが、戦後の日本の復興・発展に大きく寄与した人たちの多くは、日本の教育に誇りをもっていた。

中でも、戦時中、「特別科学学級（特別科学組）」での理数系の教育は世界に誇れる英才教育だった。このようなことが多くの人たちの心に、「われわれは戦争には負けたかもしれないが、受けてきた教育では負けていない」という自信を与えた。この自信が多くの人たちに前向きな気持ちを与え、日本は世界で活躍する人材を多く輩出したのである。

なお、特別科学学級で学んだ方々には、理系・技術系の分野で活躍した人たちが多いが、政治家の藤井裕久氏、映画監督の伊丹十三（第2章の国語の問題文「顔の美について」の作者である伊丹万作の子息）、野村総合研究所理事長を歴任された鈴木淑夫氏らのように、その他の分野で活躍された人たちも少なくない。

しかし近年、海外に留学する学生が、短期語学留学を除くと減少しているというニュースを頻繁に耳にするが、これは「自分に自信がない」「注意されるとすぐにめげる」と形容されることの多い「ゆとり世代」を象徴する現象ではないだろうか。

そして、もし「ゆとり世代」の多くの若者に、「あなたは、自分が受けた『ゆとり教育』に誇りをもてますか」と質問すれば、堂々と「ＹＥＳ」と答えられる者は０％に近くなるのではないだろうか。なぜなら、「自分は世界に誇れる日本の『ゆとり教育』で育った。その自信を胸に、海を渡って人生を懸けてみたい」という若者がたくさんいるのであればこの推測は誤っているといえるが、現実はそうなっていないからだ。

つまり、「ゆとり教育」というのは、チャレンジ精神を持って海を渡って自分の力を試してみようという気持ちを阻害し、自信のない若者を大量に育てたといっても過言ではないだろう。

(2) 大量に生まれた「『やり方』依存症の若者」

(2) に移ろう。学校教育における授業時間の大幅な削減と大学入試におけるマークシート式問題の全盛が、前後のプロセスの説明を省略して単に「やり方」に頼って正解を当てる教育を定着させてしまった。
毎年、何人かの学生からの授業感想文の中に「先生は、授業中に考える時間を設けてくれる。それが嬉しい」という指摘が必ずある。この感想文を見るたびに、「この学生はずっと『やり方』だけを学ぶ暗記教育を受けてきたのかな」と思う。

さらに、そのような感想文を書いたと思われる学生が「2次方程式の解の公式や三平方の定理などの証明は、学校では全部省略していました。すぐに公式や定理を覚えて数字を当てはめる練習ばかりさせられました。大学に入って、先生の復習授業で初めて証明を聞いた感じです」と私に話すと、周りに居合わせた学生も「私が受けてきた教育も、なぜそうなるかという証明はほとんど省略でした」と話すことが多い。

最近、大学での復習授業を「リメディアル教育」として新聞でも取り上げられる機会が多くなった。しかし、取り上げる内容といえば究極の「やり方」暗記主義のプリント学習のようなものが多く、自ら考えることなくすぐに答えを知りたがる「やり方」依存症の生徒を大量に大学に送り込んだ反省は全くない。しかも、「脳が活性化する覚えがした」などと10年前に流行ったコメント付きである。これでは（２）の根本的な改善は程遠くなるだろう。

真の「ゆとり教育」とは授業時間を十分に確保して、前後のプロセスの説明や生きた応用例もいろいろ紹介するような、充実した授業展開をすることではないだろうか。少なくとも「ゆとりある老後の生活」という言葉から想像する「ゆとり」と、実際に行われてきた「ゆとり教育」にある「ゆとり」とは、使用法が大きく異なっているようである。

（３）「中間層」の崩壊

（３）については、１９９０年代の半ばから２０００年代の半ばにかけて、所得の面で中間層が抜け落ちてきたのは本節の前半で見た通りである。そして、その時期は、ちょうど教科

	1990年	1996年	2001年	2006年
偏差値55以上の層	114.9	108.0	98.8	105.1
偏差値50以上55未満の層	112.1	83.6	67.0	60.3
偏差値45以上50未満の層	89.2	70.0	56.8	62.0
偏差値45未満の層	49.5	54.7	38.2	43.2

表3

書の内容も授業時間数も悪い方向に進む「ゆとり教育」が強まってきた時期と重なる。それから直ちに予想できることは、恵まれた家庭の子どもたちは学習塾や予備校に通ったり家庭教師を付けたりして、学ぶ時間を確保することができる一方、そうでない子どもたちは学校外の学習時間（学習塾・予備校・家庭教師の時間を含む）が少なくなり、学びの機会が失われているということだ。

その予想を明確に示したデータが、ベネッセ教育研究開発センターの第4回学習基本調査にある「高校生の学校外における平日の学習時間の推移」である。高校2年生（普通科）4464人を対象に、全国4地域（東京・東北・四国・九州地方の都市部と郡部）で実施したもので、表3に示す。なお、表中の数値の単位は分である。

また、平成21年度文部科学白書の「第1章　家計負担の現状と教育投資の水準」における「児童の正答率と家庭の世帯年収」（お茶の水女子大学委託研究〈平成20年度〉より作成）では、全国学力・学習状況調査の正答率と家庭の世帯年収との関係に関して、5つの政

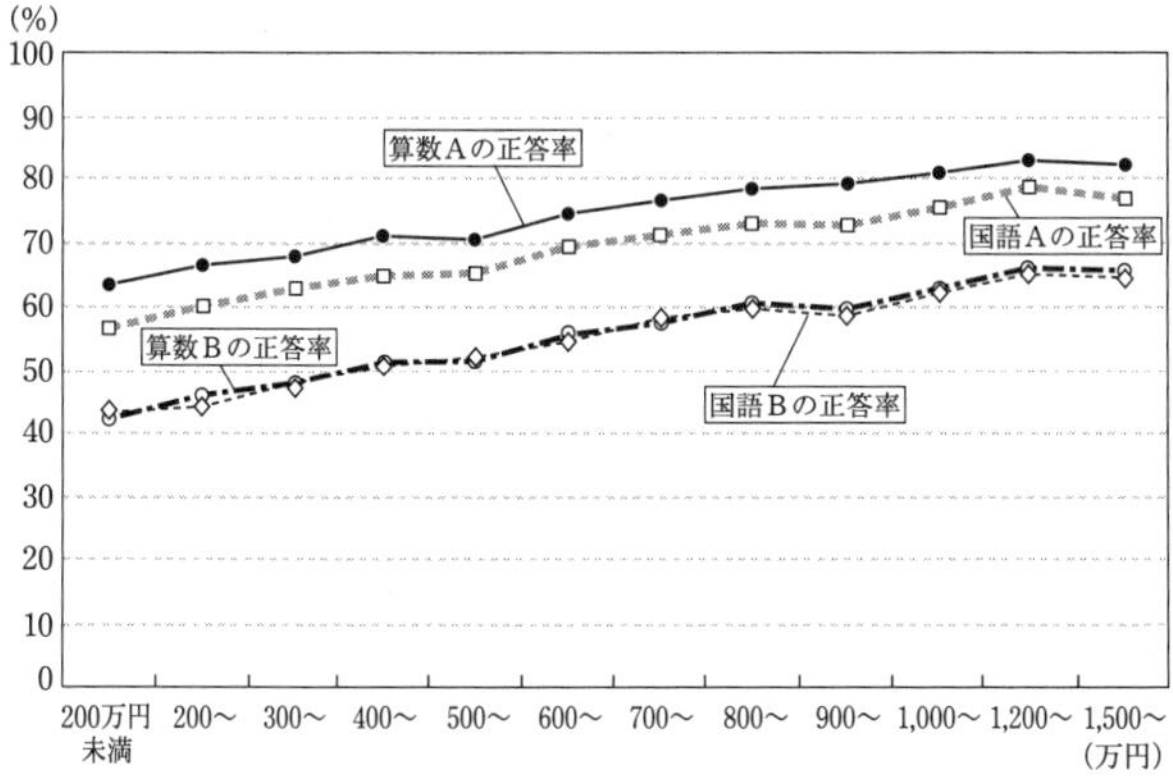

調査対象：公立学校第6学年の児童の保護者
調査対象校：5政令都市の100校（児童数21名以上の公立小学校を無作為に20校〈1市あたり〉抽出）
（出典）文部科学省：お茶の水女子大学委託研究（平成20年度）より作成

図3　児童の正答率と家庭の世帯年収

令指定都市より１００校を対象に追加調査を行った結果を示している（図３）。ここから、世帯年収と正答率はだいたい比例していることが理解できる。

以上から、１９９０年代の半ばから２０００年代の半ばにかけて拡大した経済格差は子どもたちの教育格差、そして学力格差を生んだことが分かるだろう。国際学力調査であるＰＩＳＡとＴＩＭＳＳの２００３年度版について、文部科学省はその結果分析（中間まとめ）の中で、それぞれグラフを用いて次のようにまとめている。

「ＰＩＳＡでは、全体的に上位層と下位層との得点のばらつきが広がっており、特に読解力では得点の経年比較で、中位層の生徒が下位層にシフトしている。ただし、二極分化とまでは言えない状況」
「ＴＩＭＳＳでも、中学校数学では経年比較で上位層から中位層、下位層にシフト。ただし、二極分化とまでは言えない状況」

もちろん、文部科学省という立場を考えれば、「二極分化とまでは言えない状況」という一言を付け加えざるを得ないかもしれない。しかし、この二極分化に関しては日本数学教育学会会長や東京理科大学教授などを歴任された澤田利夫氏が、00年代の前半に文部科学省が全国規模で行った学力調査結果などを用いて、数学能力検定ＴＯＭＡＣのコラム「やはり学力は低下していた（2）」（２００４年）に、より踏み込んだ分析結果を載せているので参考になるだろう。

いずれにしろ、00年代前半には、学校外での学習時間や学力面で「中間層」が抜け落ちたことは間違いない。本節で述べてきたことから、その主な原因には１９９０年代の経済格差拡大や学習指導要領の改定があると考える。

私への〝御批判〟と、訪れた転機

ここで、どうしても不思議に思えて仕方がないことを一つ紹介したい。それは、未《いま》だに

「ゆとり教育に反対する人たちは思想的に〝差別主義的なタカ派〟である」と信じ切っている教育や出版・マスコミの関係者は少なくない、ということだ。

私自身はタカ派と思われようがハト派と思われようがどちらでも構わないが、特に（３）についてはこれまで説明してきたことから、その見方だけは間違っていると言いたい。本節の原稿を執筆する前日に、児童養護施設をボランティアとして訪れて算数小話をしてきたが、そのときの子どもたちのニコニコ顔を思い出すと、「ゆとり教育」下の教科書とは反対の、内容が充実していて自習可能な分厚い教科書をなぜ作ることができないのかと思う。

２００２年１月17日に遠山敦子文部科学大臣（当時）は、「ゆとり教育」に対する広範な国民の批判の声を鑑みて「学びのすすめ」を発表した。これは、今までの学習指導要領の上限を下限とする内容であり、これによって１９８０年代から続いてきた教育の形骸化に歯止めがかかった。しかしながら当時は、遠山氏の発言に対してまでも「もっと『ゆとり教育』を進めなくてはだめだ」という一層の教育の形骸化を主張する〝識者〟もいて、しばらく不安定な状況が続いた。

私は、拙著『新体系・中学数学の教科書（上）』（講談社、２０１２年）でも触れたが、算数の教育に関しては次の三点だけは絶対に改善すべきと考えていた。そして、自分が生きているうちにそれらの改善のきっかけが見えれば嬉しい、と思っていた。その三点とは、（ア）縦書き掛け算の仕組みを理解させるためには3桁同士の掛け算の理解が重要。（イ）小数と分数の混合計算はどちらかに揃《そろ》えて計算するという指導の復活。（ウ）四則混合計算の練習量を大幅に増やすこと。

それらの主張は表2（102ページ参照）を見れば納得していただけるのではないかと考えているが、（ア）に関しては若干の説明を補足させていただきたい。2002年の学習指導要領の改定では、「2桁同士の掛け算ができれば、3桁同士の掛け算などもできる」という無責任な考え方によって、小学校の算数では諸外国や過去の日本の教育に例を見ない2桁同士の掛け算の教育だけで掛け算の教育を終わらせてしまった。私はいち早くその誤りを2000年5月5日の朝日新聞・論壇「『円周率3』に隠された問題」などで指摘した。

その理由は、ドミノ倒し現象を理解することでも分かる（図4）。ドミノは2個だけでは倒すものと倒されるものだけの関係であるが、3個になると真ん中のものは倒されると同時に倒す働きをもつ。それを理解することによって、ドミノ倒しは次々と続くことが分かる。

縦書き掛け算の理解でも、ドミノ倒し現象と同じことがいえることを図5で説明しよう。

2桁同士の掛け算では、最初に「6×9＝54」を行い、その十の位の「5」を、次に行う

「7×9＝63」に加える。ここでは「5を渡すこと」と「5をもらって加えること」は、それぞれ図4左側の2個のドミノ倒しで「倒すもの」と「倒されるもの」に相当している。

　ところが3桁同士の掛け算では、最初に「3×8＝24」を行い、その十の位の「2」を、次に行う「9×8＝72」に加えて「74」とし、さらにその百の位の「7」を、次に行う「4×8＝32」に加える。要するに、「9×8」のところでは、「2をもらって加えること」と、「7を渡すこと」の二つの作業を行っていて、それは図4右側の3個のドミノ倒しで「倒されると同時に倒す真ん中のもの」に相当する。

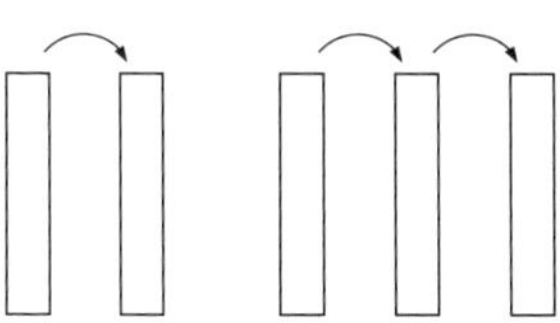

2個　　　3個

図4

```
    76          493
 ×  49       ×  738
   684         3944
  304         1479
  3724       3451
             363834
```

図5

　もちろん、4桁同士の掛け算になっても根本的に異なる作業が増えることはない。したがって、縦書き掛け算の仕組みを理解させるためには3桁同士の掛け算の理解が特に重要になる。だからこそ、前述したように自信を持って新聞に拙文を寄稿したのだ。

　しかし、この私の考えは、当時は誰にも相手にされなかったばかりでなく、縦書き掛け算の件では様々な〝御批判〟を浴びた。もっとも私は、ボックスティッシュの紙が次々と出てくる仕組みの理解、あみだくじを幼児に教えるときは縦の線は3本以上必要などの事例から、私の考えはいずれ理解してもらえるという自信もあったので、記事になった〝御批判〟を楽しく読ませていただいた。

実際、転機は間もなく訪れた。2006年7月に国立教育政策研究所が「特定の課題に関する調査（算数・数学）」（小4～中3、約3万7000人対象）で次の報告をした。小学4年生を対象とした「21×32」の正答率が82・0%であったものの、「12×231」のそれは51・1%に急落、小学5年生を対象とした「3・8×2・4」の正答率が84・0%であったものの、「2・43×5・6」のそれが55・9%に急落したという報告である。

同時に、国立教育政策研究所は次の報告も行った。それは、「3+2×4」の正解率が小4、小5、小6となるにしたがって、73・6%、66・0%、58・1%と逆に下がっていくという現象である。これに関して私は、同年7月15日の産経新聞に「四則計算の理解不足は、3項以上の計算がほとんどなされていないのも原因。2項だけの計算ドリルが流行し、現行の教科書も3項以上の計算が激減している」というコメントを発表し、これは今でも科学技術振興機構の「Science Portal」同年7月21日付「小学高学年ほど四則計算が苦手」というネット上の記事でも好意的に解説されている。

この国立教育政策研究所の二つの報告は、「よしっ！　これで流れは変わる。ペンの力を信じて頑張ってきてよかった」と思ったように、限りなく勇気づけられるものであった。間もなくして私は、文部科学省委嘱事業の「(算数）教科書の改善・充実に関する研究」専門家会議委員に任命され（２００６年11月〜２００８年3月)、算数教科書に関する次の持論を最終答申に盛り込んでいただいた。

縦書き掛け算は2桁同士だけでなく桁数を増やしたものも教えること、四則混合計算の規則を生徒にしっかり理解させるために3項以上の計算問題を増やすこと、小数と分数の混合計算を復活させること、の三点である。

現在の新学習指導要領下の算数教科書は、掛け算の桁数が3桁×2桁まで拡張され、他は概ね私の主張に沿った展開となり、徐々に厚い算数教科書を作る方向に動いていくことが期待できる。表2（１０２ページ）から想像できるかもしれないが、次の大きな目標は数学の証明のように、論理的に書く力を高める教育の充実である。当然、小・中・高校における学校教育全体の充実は必須となる。

3－2　すべては国語教育の充実から始まる

土台は国語

2013年7月23日付の朝日新聞に、立教大学教授で英語教育論が専門の鳥飼玖美子氏が、小学校での英語「教科化」に関して「日本語を身に付けるのが先」という題で意見を述べられている。その中で、「カナダの移民を対象にした調査で、ある程度母語を身に付けておいた方が第2言語も身に付きやすいという結果も出ています」という指摘があったが、この記事は重く受け止めたい。

私は英語教育に関しては門外漢であるので、これ以上、英語に関しては述べるつもりはない。しかし、算数・数学の学びに関しても、国語を土台としていることの認識をしっかりもたなくてはならないことを本節で強調したい。その認識が不十分なことから数学を誤解して捉え、結局、数学嫌いになる場合が多くあるからだ。

もちろん、「彼の心の中はいつも赤い太陽が燃えているような力強さを感じる」、「この山頂に立つと父親に連れて来てもらった夢一杯の幼い頃を思い出す」というような情緒的な文の学びは、算数・数学の学びにはあまり結び付かないだろう。しかし、最近の「いじめ問題」を考えると、情緒的な文章を幅広く学ぶことによって弱い立場の人たちに対する優しい心、あるいは異説にも耳を傾ける広い心などが育まれるので、この方面の学びも大切なことは言うまでもない。

本節では算数・数学の学びを念頭に置いて、基礎的、あるいは論理的な文について考えてみよう。

根強く残る、算数・数学への〝迷信〟

前節で取り上げた国際学力調査ＰＩＳＡで好成績を収めて注目されたことがあるフィンランドでは、国語の授業中に算数の文章問題を行うこともある。これと同じようなことを日本で行ったらどうなるだろうか。おそらく「国語の授業中に算数をやるとはいかがなものか」という批判や疑問の声が上がるだろう。その背景には、日本では「算数や数学は計算技術である」という〝迷信〟が未だ根強く残っているという点にある。

９個のリンゴのうち３個を食べたら残りは６個だが、これを「9－3＝6」と式で書く必要はない。「9から3を引くと6になる」という文でよい。また、第１章で述べた「円周率

πは3より大きい」ことの説明に式はない。そもそも式は文であることの認識が曖昧なゆえに、文の世界と式の世界の間に壁を作っている。

２００６年の12月に東京都公立高等学校定時制通信制教育研究会数学部会で講演した後で、参加された小学校の先生から面白いプリントを見せていただいた。それは掛け算の文章題の練習だったが、よく見ると足し算の文章題も含まれていた。その理由を尋ねると、「最近の生徒は文章を読まないで、そこにある2つの数字を見つけて掛けて終わりにします。だから、足し算の問題も少し含ませているのです」と言われて納得がいった。

文章を読まない算数の文章題の学習の原因は、「算数や数学は計算技術である」という迷信がある。この迷信を無くすためには「算数も英語と同様に国語を土台としている」という意識を小学生から徹底する必要があると私は考えている。「算数は問題にある数字を見つけて、『やり方』を真似して計算するもの」という困った意識が蔓延《まんえん》したために、第1章の第6節で述べたように、大学生が「〜の……に対する割合は○○%」という表現でつまずいてしまうのだ。

実際、２０１０年、２０１２年の全国学力テスト（全国学力・学習状況調査）にも、その状況を示す次のような結果がある。ここで、それぞれ順に問題の正解率と解説を書く。

数学A11（3）（中学3年）：　長さ16cmのひもを使って、いろいろな形の長方形を作る。長方形の縦の長さを変えると、横の長さがどのように変わるかを調べる。縦1cmと横7cmの長方形、縦2cmと横6cmの長方形、などを図示してある。

長方形の縦の長さを$x$cm、横の長さを$y$cmとするとき、上記をヒントにして下図におけるyをxの式で表させる問題。

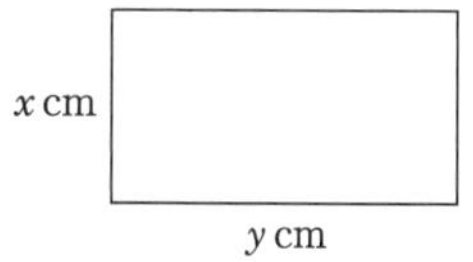

図6

図6の正解率と解説

図6の問題で、正解の「y＝8－x」が出た割合は、なんと26・3％であった。

これは、文章の世界と数式の世界の間にある壁を、国語を土台として相互から乗り越える学びが必要であることを示している結果といえよう。

図7の正解率と解説

図7の問題（120ページ）で、「3」と答えた人が50・9％もいた一方で、「4」と正しく答えた人は34・3％しかいない。

これは、「元にする量」と「比べられる量」の表現について、小学生の頃からしっかり意味を理解することが大切であることを示している。特に「やり方」をただ暗記するのでなく、納得するま

数学A 3（1）（小学6年）： 赤いテープと白いテープの長さについて、

「赤いテープの長さは120 cmです」
「赤いテープの長さは、白いテープの長さの0.6倍です」

が分かっているという前提で、以下の図から適当なものを選択させる問題。

1
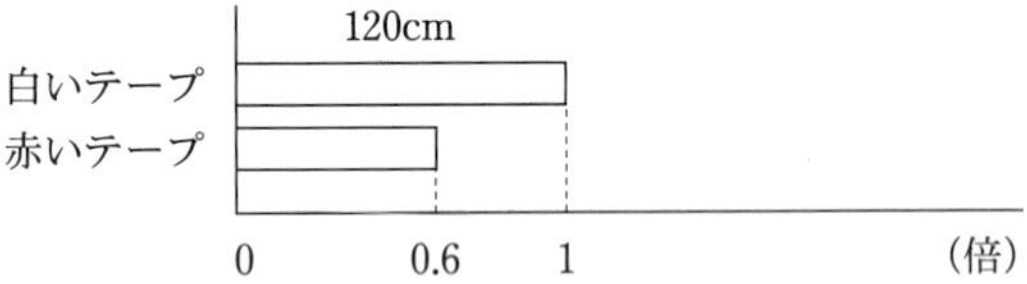

2
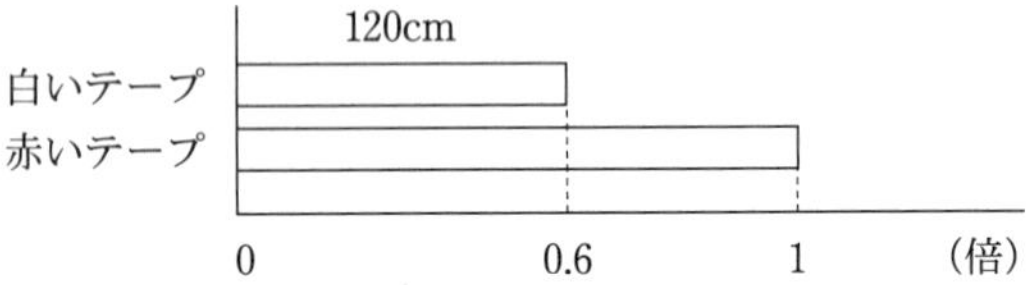

3
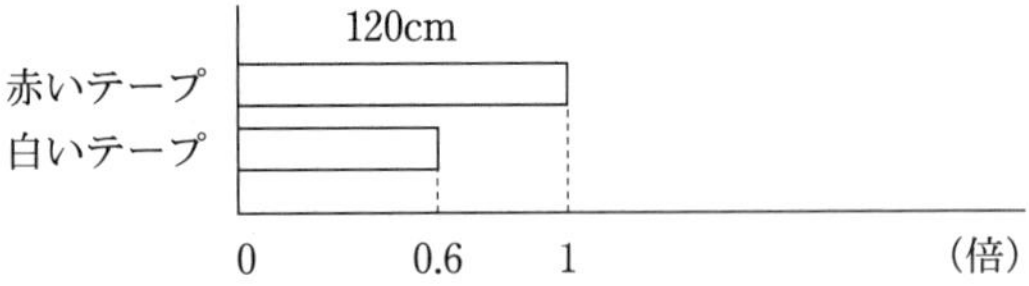

4
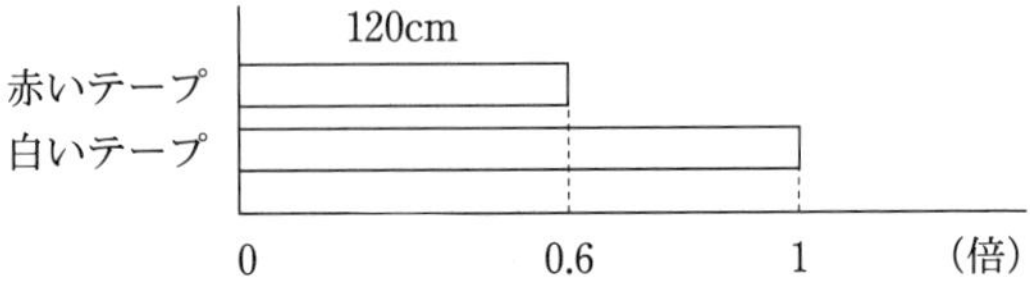

図7

で時間をかけて考える姿勢が求められている。

そもそも「数字とは何か」

さて、私はここで、そもそも「数字とは何か」を歴史的に押さえておく必要を感じる。たとえば、５人、５個、５メートル、５℃……、という使われ方を見ると、「５」という数字がいかに抽象的なものか理解していただけるのではないだろうか。

紀元前８０００年頃から始まる新石器時代の近東では、様々な形をした小さな粘土製品に「トークン」というものがあった。１壺《つぼ》の油は卵形トークン１個で、２壺の油は卵形トークン２個、３壺の油は卵形トークン３個といったように、一つ一つに対応させる関係に基づいて物品を管理していた。ここで注目すべきことは、当時は個々の物品それぞれに対応するトークンがあったことだ。すなわち、同じ形のトークンで異なる物品を管理することはなかったのである。

ところが、イラクのウルク出土における紀元前３０００年頃の粘土板に、「５」を意味する５つの楔《くさび》形の押印記号と、羊を表す⊕という絵文字の両方が記されているものが見つかっている。これは５匹の羊を意味するが、同時に数の概念が個々の物品の概念から独立したことを表していて、抽象的に考えることができる「整数」の萌芽を意味している（シュマント＝ベッセラ著、小口・中田訳『文字はこうして生まれた』岩波書店を参照）。

「ひとつがいの雉《きじ》も2日も、ともに2という数の実例であることを発見するには長い年月を要した」というバートランド・ラッセルの言葉にもあるように、具体的な物品それぞれに応じたトークンによる数の概念が発展し、具体的な物品にはよらない数の概念が確立するまでには長い年月を要した。

このように、数字とは人類の言葉が進化した結晶のようなものであり、「算数・数学と国語は無関係」などという発言は不適切なものと言わざるをえない。

今から10年ほど前、当時、ＩＴ立国インドの最高峰の大学として注目を浴びたＩＩＴ（インド工科大学）の２０００年度入試数学問題を解説した記事をいくつか書いたことがある。ここで出題された全問16題は、すべて論述式の高度な証明問題だった。この記事について多くの方々から感想をいただいたが、その中でも特に多かったのは、「ＩＴ立国のインドのことだから、入試問題は瞬時に採点できるマークシート形式だと思っていました。ところが、全問がとても難しい証明問題であることを知って驚きました」という内容の手紙だった。

思えば、１９９７年に文庫化された深田祐介著『最新東洋事情』（文春文庫）を読んだとき、「インド頭脳立国の秘密」の節にある次の指摘に注目したことをよく覚えている。

もちろんインドと日本では数字表現などが違いますからそっくりそのままではありませんが、日本では単なる計算問題として扱われている問題でも、インドではいちいち証明問題のようにロジックの流れを言葉で明記しながら解答を導き出さなければ点数をもらえないのです。

この文を読んだとき、私自身が米国オハイオ州立大学博士特別研究員だった１９８０年に、インドの研究者から聞いた、インドの数学教育に関して誇りを持っている話などを思い出した。その後、インドの教育や入試に関する内容は特に大切だと思い、２００７年６月20日の読売新聞・論点「神髄は考えるプロセス」などで、そのハイレベルな内容と、証明重視の姿勢を交えて紹介した。しかしながら、読者の大方の見方は困ったテレビ番組の影響のせいか、いまだ「インドでは2桁同士の掛け算を早くできるからＩＴ立国になった」という的外れな理解にとどまっているようである。

「逆は必ずしも真ならず」

さて、第4章の第1節で、グローバル化を迎えた現代では論述力が特に必要であることを述べるが、その基礎的事項の一つである「逆は必ずしも真ならず」を聞いたこともない大学生が激増している感がある。私立大学文系学部の平均的な学生を想定すると、今から20年ぐらい前ならば大多数が知り、今から10年ぐらい前ならば約半分が知り、最近では大多数が知らない。

これは、30歳前後や40歳前後の社会人と20歳前後の大学生に「『逆は必ずしも真ならず』を知っていますか。知っていればいつ頃知ったと思いますか」という質問をすれば確かめられる。

そこで論理における「逆」を含む言葉の復習を、「命題」という言葉からきちんと説明することにしよう。命題とは、「真」(成り立つ)か「偽」(成り立たない)かが定まっている文や数式のことである。「東京スカイツリーは〝美しい〟建物である」は命題ではないが、「東京スカイツリーの最上部は地上634メートルである」は真の命題である。

pとqを命題とするとき、「pならばq」の逆は「qならばp」である。「xが1ならばxの2乗は1である」は真の命題だが、この逆の命題「xの2乗が1ならばxは1である」は偽の命題である。なぜなら、xがマイナス1のときもxの2乗は1になるからだ。また、「xが3以上でyが4以上ならば、x＋yは7以上である」は真の命題だが、この逆の命題「x＋yが7以上ならば、xは3以上でyは4以上である」は偽の命題である。なぜなら、xが2、yが6のときもx＋yは7以上になるからだ。

もう少し現実的な例を挙げよう。いま、試験科目が国語と数学の入学試験があったとして、どちらも100点満点とする。そして、両科目の合計点数が120点以上の者を合格とする。このとき、「数学の成績が10点以下ならば不合格である」は真の命題だが、この逆の命題「不合格ならば数学の成績は10点以下」は偽の命題である。

以上から、「pならばq」が真であっても、その逆である「qならばp」は真でない場合がある。そこで「逆は必ずしも真ならず」という言葉が諺《ことわざ》のように広く定着したのだ。ちなみに、論理の専門用語として、「qならばp」を「逆」というとき、元々の「pならばq」を「表」、「qでないならばpでない」を「対偶」、「pでないならばqでない」を「裏」という。ここから、表と対偶は同値（同じこと）であり、裏と逆は同値（同じこと）であることが分かる。

「すべて」と「ある」の用法

さて、私は、「逆は必ずしも真ならず」を知らない多くの大学生を責める気持ちはない。それは、次に述べる「すべて」と「ある」の用法と同じように、要するに、学校であまり教えてもらってこなかったからである。その理由を広く尋ねたこともあるが、そこに共通する回答の多くは、「論理に関することは生徒にとってつまらないばかりでなく、大学入試、特にマークシート式の試験にはほとんど出題されないから」というものだった。

確かに、大学入試で論理に関する問題は、マークシート式の試験では出題するのは難しい。だからといって、それが大切ではないということではない。

私が東京理科大学から桜美林大学に移る直前に行われた、東京理科大学工学部の記述式の入学試験（数学）で、「すべて」と「ある」の入った論理文の否定文を書かせる問題が出題されたことがある。その誤解答にはいろいろなものがあることを知ったときは、生涯忘れられないほどのインパクトがあった。

ここで、それらの用法について述べよう。

「すべての学生はペンをもっている」の否定文は、「すべての学生はペンをもっていない」ではなく「ある学生はペンをもっていない」である。また、「ある学生は1万円以上もっている」の否定文は、「ある学生は1万円未満しかもっていない」ではなく「すべての学生は1万円未満しかもっていない」である。こうした用法を正確に理解することは大切だ。大学で学ぶ線形代数学や微分積分学の基礎的事項にも、「すべて」と「ある」の用法は必ずある。しかし、現状ではきちんと理解されているとは言い難い。

その背景には、「some」や「all」の入った英文の否定文が日本人は特に苦手であることのほか、中・高校生が学ぶ文字の入った計算式と方程式の違いの認識などが挙げられよう。

参考までに述べると、「x＋3＝5」は「ある」数字をxに入れると成り立つ式であり、「2x＋3x＝5x」は「すべて」の数字をxに入れると成り立つ式である。この違いの認識がいま、中・高校生に対する数学教育で特に求められている内容である。

ここまで述べてきたことからも分かるように、「逆は必ずしも真ならず」、あるいは「すべて」と「ある」の用法などの学びは、国語を土台として国語、英語、数学などの教科の垣根を越えて指導することが大切である。「国語は情緒的な文章だけ学べばよい」、「英語は英会話だけ学べばよい」、「数学は計算練習だけやればよい」などと言っていては前に進まないことを肝に銘じるべきだろう。

3－3　大学入試を抜本的に見直せ

大学にとっての「金の卵」

１９９０年代の半ばから、様々な数学教育活動を始めて20年近くになる。現在の本務校に移ってくる前の数学科教員時代は、出前授業の方が教員研修会での講演より多かったが、ここ数年はその比率が逆転した。もっとも、大学での教職や専門の数学以外の授業は、数学嫌いの意識を一変させる出前授業の延長のような側面もあるので、あまり大差ないようにも感じる。

振り返ってみると、出前授業も教員研修会での講演も20年間近くで、大小合わせてどちらものべ２００回近く行ったが、真面目で教育熱心な現場の教員ほど、推薦入試とＡＯ入試に関して悩んでいることが、彼らと話していると分かる。この両入試は、どちらも生徒が高校3年の秋に実施されるため、合格した生徒は残り半年近くを主に遊びとアルバイトに精を出してしまうこと、あるいは物理や数学をあまり学んでいない段階の生徒までが有名私立大学理工学部に〝青田買い〟のように合格してしまうこと、等々がその理由のようだ。

多くの大学は「推薦入試とＡＯ入試に関しては、生徒の入学までに課題を出して勉強させている」と言うが、これは大概が建前だ。生徒の学びに対する考え方が、大学入学のためでなく人生のためにならない限り、入学までの半年間を積極的に勉強するとは思えない。

今から30年以上前にトップクラスの私立大学の指定校推薦から始まった推薦入試は、その後、公募式の一般推薦制度も広く設けられるようになった。当初は一般推薦入試では筆記試験を課すことができたが、「推薦に筆記試験はなじまない」という行政当局からの「お達し」によってこれは課せられなくなった。余談だが、このとき、「黒板に板書させるのは筆記試験ではない」と苦し紛れのことを言って〝板書試験〟を強行したことを思い出す。

１９９０年に同じくトップクラスの私立大学から始まったＡＯ入試は、大学数の増加と少子化の進行を背景にして、全国の私立大学に次々と広がった。90年代前半には推薦やＡＯ入試で受験生を「厳しく選別」する余裕のあった私立大学も、90年代後半にはそれらの入試で受験生を「集めて合格」させる大学に様変わりしたところも少なくない。

90年前後には一般入試で1万人を超える受験生を集めていた私立大学文系学部でも、現在は一般入試で２００人前後がやっとのところも多く、中にはサクラの受験生までいる大学もある。四年制私立大学の46％が定員割れの現状では、推薦やＡＯ入試で〝合格〟してくれる生徒は、大学にとって「金の卵」のような存在だろう。

「２０１２年入試実態調査」（リクルート）によると、私立大学全入学者のうち、推薦入試（含むＡＯ入試）入学者の占める割合は50・４％である。ちなみに、国立大学と公立大学のその割合は、それぞれ18・３％と26・８％である。

要するに、私立大学の入学者の半分は筆記試験もなく合格しているということだ。すなわち、合否は形式的な書類審査と面接での受け答えによって判定される。

呆れた〝珍回答〟

問題は、内申書の信憑性《しんぴょうせい》と面接で分かることには限界がある、ということだ。実際、内申書はほとんど信用できないほどいい加減に記入されていることが少なくない。たとえば、未履修の科目をあたかも履修したかのようになっている例は数限りなくある。これに関しては、入学後に学生から直接聞くこともあれば、推薦入試の面接で次のような会話から判明したことも、いくらでもある。

「あなたは高校で数学Ⅲを良い成績で履修したようになっていますが、どのようなことを学びましたか」という質問に、

「あっ、私は嘘をつけない性格なので正直に話しますと、まったく履修していません」という答えもあれば、

「私の学校では、数学Ⅰと数学Ⅱを学ぶと、数学関係の科目は全部履修したように付けてくれます」という答えもある。

そのようなことを聞いても全く驚かないので、一昔前に話題になった〝世界史未履修問題〟（大学受験には関係ない教科や科目を生徒に履修させなかったため、単位不足となって卒業が危ぶまれる生徒が多数いることが判明した問題）のニュースを聞いたとき、「なんで今さら大騒ぎするのか、これは何か裏があるニュースではないか」と直観的に思ったぐらいである。

他方、成績に関しても、

「あなたは数学Ⅱに関して5という成績が付いていますが、どのような内容に特に興味を持ちましたか」という質問に、

「えー、そうなんですか。本当はかなり悪いです」という答えもいくらでもあったのである。

これに似た話は、30年以上前からときどき入学後の学生から聞かされていた。忘れられないのは、某私立女子高校の卒業生から、

「私たちの高校はほとんど私大文系学部に進学なので、理科と数学は教科書を触るだけで本

当に並の成績で単位認定をしてもらっていました。その代わり、受験科目の英語と社会の科目だけは集中して勉強させられましたが」

と聞いたことだった。その高校は、小学校からのエスカレーター式の学校であるため、数学は中学生の頃からほとんど学んでいないとのことであった。

このようなこともあって、私は30年以上も前から内申書に記載されていることなどは全く信用していない。しかし、驚くことは未だに「履修科目や評定平均値は偽りのない正確なデータ」だと信じ切っている大学教員が、どこの大学にも一定の割合でいることである。学者としても人間的にもいくら立派であっても、このような教員が入試で重要な仕事を任される大学に限って、呆れ返るほどの学力不足、しかも態度の悪い生徒が主にAO入試で合格する可能性が高くなる。

そもそも、わずか5分〜20分程度の面接で口達者な高校生の問題点を見抜くことは至難の業である。私も30年近くにわたって推薦やAO入試での面接をずっと担当してきたが、正直な気持ちとして、その程度の時間では生徒の表面的なことしか分からないように思う。

実際、高校生同士の会話で、

「担任に、〇〇大学に推薦で受けたいって、ずっと前に頼んだの。そしたら担任ったら、『おまえは態度が悪いからＡＯだったらいいけど』と言うんだ（笑）。だから髪を黒に戻したりして、良い子になってＡＯ受けたら合格よ。ねえ、聞いて。そのとき面接した大学の先生らしき人ったら、私に『あなたは合格したら本学に必ず来てくれますか』だってさ。マジ笑える！」

というような内容の発言を、電車内やファーストフード店でこれまでに何回か横から聞いたことがある。

企業の新卒採用担当者の中には「全国高校ランキング表」なるものを常に持ち歩き、採用面接では卒業高校名を確認し、さらに「あなたはどの入試形態で大学に合格しましたか」という質問をする人が増えているという。

ＡＯ入試に関する〝異変〟

しかし、ここにきて、ついにＡＯ入試に関しては異変が起き始めた。「ＡＯ組は態度も悪く学力も低い学生が目立つ」ということが多くの大学内外で周知の事実となり、ついに有力私立大学は続々とＡＯ入試から撤退し始めたのである（大学名はネットですぐに検索できるので省略）。

私は、推薦入試やＡＯ入試の合格者数と時期に関して、何らかの歯止め策を国が打ち出すことを提案したい。たとえば、各大学の全入学者数に対する推薦・ＡＯの合計合格者数の割合は、私立で２割以下、公立で１割５分以下、国立で１割以下にして、推薦・ＡＯの入試解禁月を12月にするように。

このような策を打ち出せば、高校教育を破壊するような各大学による我先を争う〝青田買い〟は抑えられるものと期待できる。この提案の背景には、たとえば大学３年生が４年生になる直前の「３月に解禁」の就職協定を設けることによって、大学３年生は前後期の学期中は主に学業に専念できるようになることがある。

一方、大学入試センター試験に関して本書では、主にマークシート式問題の弊害という視点から批判的に考えてきた。当初から参加していた慶応義塾大学が２０１２年から撤退したように、この試験も曲がり角にきていることは確かである。実際、２０１３年６月に入って「センター試験を5年後に廃止」というニュースが流れた。このニュースを耳にしたときは小躍りしたが、それに代わって複数回受けることのできる「到達度テスト」を創設する検討に入ったとの報道も合わせてあった。

この新しい試験に関しては、高校生が高校時代に学ぶべきことをしっかり学ばせるという目的があることには賛成したい。しかし、これを目指すことが高校生の学習の主たる目的となってしまうと、おそらく全問がマークシート形式の試験だけに、高校１年生の頃から「答えを導く」教育でなく、「答えを当てる」マークシート式問題に特化した教育を受けるのではないかとの危惧の念も抱く。それだけに、各大学での入学試験の在り方が問われることになるだろう。

もっとも、その試験を全問がマークシート形式の試験と決めつけてしまったが、ひょっとすると何らかの形で記述式を採用するかもしれない。今後、紆余曲折《うよきよくせつ》することが確実な「到達度テスト」に関して、これ以上ここで議論することは差し控えたい。ここではむしろ、各大学自身の入学試験の在り方について深く考えてみよう。

「少科目入試」の弊害

高校生がほとんど勉強しないまま推薦入試やＡＯ入試で大学に進学することの問題に対しては、先に提案したように、それらの試験の合格者数に制限を設ければ済むことである。高校教育を破壊するような我先を争う大量の〝青田買い〟について、各大学は反省すべきだろう。しかし多くの場合、「個性尊重」だの「多様な人材を集める」などという理由の本音は〝青田買い〟である。もちろん、推薦入試やAO入試で「個性尊重」や「多様な人材を集める」ことが本当に本音である有名大学も、少なからずあることは確かだが。

「学生よ、学問の道を志す人間はまず正直であれ。その精神こそ、真実の探求に繋がる」などと学生に偉い口をきいている人間が、一方で〝青田買い〟をカモフラージュする嘘を言う。これは教育上、好ましくないことではないか。

私が尊敬する数学者の一人である正田建次郎（美智子皇后の伯父）は大学紛争当時、武蔵大学学長だった。大衆団交の席で追及する学生の鋭い質問に何でも正直に答えたことで、紛争を主導する学生たちまでもが腰を抜かした。これは当時広く知れ渡った話だが、この精神こそ、今、大学人に求められると考える。

さて、「個性尊重」だの「多様な人材を集める」などという理由による〝入試改革〟に関して、もう一つ挙げなくてはならないことがある。それは、主に1980年代にトップクラスの私立大学文系学部から始まった「少科目入試」である。この入試を導入した本音は、「偏差値のつり上げ」である。入試での偏差値は、生徒が受験した科目の日頃の成績と合否結果で算出するのである。

たとえば、英語と社会だけで受験できる某私立大学があるとする。A君は数学と理科の偏差値は35であるものの、英語と社会の偏差値は70とする。Bさんは数学、理科、英語、社会どの科目の偏差値も65とする。その大学の受験結果でA君は合格しBさんは不合格になったとすると、その大学は偏差値70の人は合格するものの、偏差値65の人は不合格になる〝超ハイレベル〟な大学ということになる。第2次ベビーブーム世代が受験した頃、週刊誌で「ついにMARCH（明治、青山、立教、中央、法政）は偏差値で東北大学に大差をつけた！」という記事が躍っていたが、これにはそのような算出法が背景にある。

このような少科目入試をトップクラスの私立大学文系学部が始めた頃は、一科目を入試必須科目から外すと偏差値は5ポイント上昇するのが相場であった。外す対象として最も狙われたのは、言うまでもなく数学である。現在、私立大学文系学部の入試で数学が必須の大学は日本全国で確か2、3校である。トップクラスの私立大学が始めたものだから、中堅以下の私立大学は、理念などはかなぐり捨てて偏差値競争に負けないように少科目入試を続々と導入したのだ。

その行き着いた先は、一部の私立大学で導入された1科目入試であり、それがエスカレートして「剣玉」や「カラオケ」などの〝一芸合格〟も流行った。そのような流れで特に迷惑を被《こうむ》った学問は経済学であろう。「私大経済学部では数学は不必要」という、世界の中でも稀《まれ》な、日本固有の迷信をつくってしまった。

大学入試の科目や内容を生徒へのメッセージと受け取る高校生の側からすれば、「数学抜きの私立大学経済学部の2科目入試 ⟶ 私大経済学部では数学不必要」、「推薦・AOの大量〝0科目入試〟⟶ 高校時代の学びは不必要」というように解釈をしたとしても不思議でない。一頃、医学部の入試で問題になったことに、「医学部入試に生物は選択 ⟶ 医学部での学びでは高校の生物は不必要」という解釈が高校生側にあった。

本来の入試問題とは？

本書でこれまでに述べてきたように、1991年の大学設置基準の大綱化、ゆとり教育、格差社会など、大学に関する問題は様々な観点から考えなくてはならないが、本節で述べたことから次のことが言えるはずである。

それは、大学関係者が「大学入試科目やその問題は、高校生への日頃の学びに関するメッセージでもある」ことを忘れ、他大学との偏差値競争や新入生の人数確保に邁進《まいしん》してしまった結果として、学力や態度で問題のある大学生を大量に生んでしまったということである。数年前に予備校の早稲田塾の本部に招かれて、何人もの関係者と大学入試について話し合ったことがある。そのとき、「津田塾大学の入試英語問題には高校生へのメッセージがあります」と言われた。私は目が覚めると同時に、「マークシート形式の問題にはメッセージがあるだろうか」と自問し、もしそれがあるとすれば「条件反射的に答えを当てる技術を身に付けなさい」ということくらいだろうと思った。

多くの私立大学の広報の立場からすると、「現在は、一人の生徒を入学させるために１００万円は使ってかまわない」という時代である。実際、様々な場所で大学の宣伝をよく見かける。しかし、大学の入試問題が広報の側面もあることを認識している関係者はどれだけいるだろうか。大学側がしっかりとした入試問題を提示することによって、入学してもらいたい学生像を示すことはもとより、人生における学びの意義を説くこともできるだろう。

繰り返すが、現在は、人や情報が国境を越えて活発に行き来する時代であり、経済、環境など解決すべきグローバルな課題が山積している。こうした課題に取り組むには、文化や風習の異なる他者が納得できるように論理的に考えて、自らの立場を筋道を立てて説明する力が重要になる。したがって入試問題は、答えを当てるマークシート式でなく、答えを導く記述式の問題が適切なのだ。

たとえば昨今の円安傾向について、「1万円で製作した商品は、1ドル80円の時代は125ドルでの販売が損益の分岐点になるが、1ドル100円の時代はそれが100ドルになる。そのように日本の輸出産業にとっては、円安傾向は競争力の点でプラスである」というような説明ができるようになることが、今の大学生に特に求められていることである。

2012年の2月に日本数学会は、「学校教育では証明問題を解かせるなどの方法により、論理の通った文章を書く訓練を行うこと」および「大学の数学の入試問題はできるかぎり記述式にすること」の二点を訴える提言を発表したが、これは核心を突いたものであろう。

もちろん私は、受験生の人数が膨大な人気のある大学の場合は、実質競争率をたとえば3倍ぐらいまでに絞るために、1次試験でマークシート式の試験を活用することはかまわないと思う。しかし、実質競争率の低い大学までもが、第2章第5節で述べたように、経営上の理由からマークシート式の試験にしがみつくことは残念でならない。

以上から、多くの大学が論理的に考えて説明する力を大切にする姿勢を、入学試験問題を通して打ち出すことを期待したい。

本節の最後に、入学試験の試験時間について提案したいことを述べよう。それは、フランスの大学入学資格試験「バカロレア」などを参考にして、受験生からは「試験時間が無制限の試験」と思われるような入学試験を創設することである。実際には、たとえば数学の試験時間は5時間ぐらいを想定するが、とにかく時間を気にしないで考え抜く力を見る試験が必要だと私は考える。

およそ斬新なものを創造するとき、失敗しても試行錯誤を繰り返し、粘り強く考え抜く姿勢が求められるだろう。そうであるならば、それを大学入試の問題を通して高校生に発信してもよいはずだ。今後の社会で求められる人材を考えると、そのような力を見る試験こそが必要だと考えている。

３－４　教員免許の国家試験化を目指せ

ちょっとした一言が人生を左右させる

中学校や高校で習ったように、変数xについての2次方程式は「解（根）の公式」というもので一般に解くことができる。3次方程式も4次方程式も、それぞれカルダノの解法、フエラーリの解法というもので解くことができる。しかし、5次以上の方程式は一般に解くことはできない。

これを証明したのはアーベル（1802－1829）だが、アーベルは高校生のとき、その非凡な才能を見抜いて特別に指導した数学教員に出会えたことが大きい。

似た話に、以前、有名な女優さんがテレビ番組「徹子の部屋」に出演していて、「私は数学が好きです。きっかけは小学校の算数の先生が、生徒みんなが考えることを好きにする授業をしたことです」と話していたのを聞いたことがある。

ここで述べた例からも分かるように、算数・数学という教科は素晴らしい教員に巡り合えると突然、才能が開花したり好きになったりするものである。

私は以前、算数・数学を嫌いになった理由を現在の本務校で調べて著書にしたこともあるが、教員のちょっとした態度や一言が算数・数学を嫌いにさせてしまった例が驚くほど多くある。特に女子にその傾向が強く、一方で数学科の教員時代に数学好きになった理由を調べたときも、女子の方が男子より、教員のちょっとした態度や一言が大きく影響していることを示すデータを得たことがある。

いずれにしろ、算数を教える小学校の教員や数学を教える中学・高校の教員は、算数や数学をよく理解していなければ話にならない。スキーや水泳ができない人間が、スキーや水泳を教えられるはずはない。ところがここ数年、その件に関して大都市圏周辺では、小学校の教員に関しては赤信号、中学・高校の数学教員に関しては黄信号が点滅している状態であると断言できる。

教員における、想定外の深刻な現状

まず教員の採用に関するデータ面を見てみよう。団塊世代後期の退職や理数系を中心に授業時間を大幅に削減した「ゆとり教育」の見直しなどが影響し、現在は教員採用のピーク時である。実際、２００１年の全国の小・中・高の公立学校教員採用者数は９４１６人だったが、10年後の２０１１年は2万３３７８人になっている。これを都道府県別に見ると、たとえば01年の秋田、東京、埼玉、大阪は順に１２７人、１１１７人、３４５人、２６８人だった。一方、11年のそれらは、順に70人、２７７２人、１２４２人、１９６７人となっている。これらの数字は、過疎化が進行している県と大都市圏周辺とでは、この問題を同一に論じることはできないことを示している。

前者の方は現在でも**実質競争率は高く**、優秀な者が教員になっていると考えられる。しかも試験問題は**主に記述式**であるので、論述問題にも強い。

問題は後者で、数字が示しているように、ここ数年の間に教員採用者数は激増した。しかも、「ゆとり教育」を見直す必要もあって一気に教員を増やした部分が、実は「ゆとり世代」の新卒者が大半を占めているという何とも言葉につまる状況になっているのである。もちろん、**実質競争率は低く**、試験問題は主に**マークシート式**である。

つまり、算数があまり分かっていない者でも、続々と小学校の教壇に立って教えているということである。速さや濃度の応用問題が解けないのは言うに及ばず、中には「3つの角度が全部異なる二等辺三角形がある」と生徒の前で平然と言ってのける教員までもいる。某都道府県の複数の採用担当者から直々に聞いたことであるが、「**実質競争率**が1倍ちょっとの現状では、算数ができない中で、ほんの少しできると思われる者をギリギリの採用基準としている」という現実がまかり通っているのだ。

要するに、「ゆとり教育」のもとで育ち、中学校と高校では全く数学を学ばないで私立大学に入学し、そこで小学校の教員免許状取得に必要な「初等算数科教育法（2単位）」の単位をお情けでもらって、採用試験を堂々と受けに行く者が多くいるというわけだ。

昔から教育関係で有名な首都圏にある立派な私立大学は、ついに社会に向けて責任を示す立場から、小学校教員免許の取得を目指す学生には、教育実習の前に日本数学検定協会の準

２級（高校１年レベルの数学）を取ることを必須とする条件を付けた。

それだけではない。大都市圏の自治体の教員採用担当者は過疎化が進行している県に赴《おもむ》いて、主に採用試験不合格者を中心にスカウト合戦を繰り広げている。もちろん、対象は小学校の教員ばかりでなく中学校や高校の教員も視野に入れ、関係する諸機関には大きなポスターを張っていただくために深々と頭を下げてお願いしている。

さて、日本の将来のことを考えると、国債発行残高や福島第一原発からの汚染水など、憂慮すべき深刻な問題がいろいろとある。しかし、私の立場からいえば、最も憂慮すべき深刻な問題は、ここで述べていることである。そもそも、ここで紹介した「初等算数科教育法」を履修する〝大学生〟が、小学生が習う算数を理解していないことなどは、教育職員免許法の制定時に誰が想像できたことであろうか。このような想定外の深刻な現状こそ、正に〝レベル７〟と言うしかない。

既に国としても、小学校の教員免許をもっていない者でも中学校または高校の数学教員免許をもっている者ならば、小学校でも算数を教えられる特例措置を講じている（理科に関しても同様）。これは前向きな措置であるが、それよりも「三つ子の魂百まで」という諺が教えているように、「小学生に対する教育こそが最も重要である」という国民の意識改革がまず必要だろう。「急がば回れ」で、「日本の将来を担う子どもたちを全力で育ててみたい」という夢を抱く若者が増えることをまず期待したい。

教員免許の国家試験化を目指せ

大都市圏周辺における中学・高校の数学教員の採用に目を向けると、小学校のそれと比べると**実質競争率**は高くなる。しかしながら、その中身を考えると憂慮すべき問題がある。それは、微分積分の計算問題は得意でも、中学数学の図形の証明問題が苦手な「ゆとり世代」の新卒者が、大都市圏周辺の教員採用試験に続々と合格しているということだ。「ゆとり教育」やマークシート式問題が全盛の時代に育ったこと以外に、大都市圏周辺の採用試験問題が過疎県と違って主に**マークシート式**ということもある。

第2章第5節で紹介した言葉を借りれば、これでは「聞慧」の段階の者が採用試験に合格しても、何ら不思議ではない。実際、政令指定都市の教員研修会で数年前に講演したとき、責任的な立場にある校長先生から「最近の新卒採用の教員をすぐに教壇に立たせるわけにはいかないので、しばらくは黒板の前で生徒に向かっての『論理的な説明』に重点を置いての研修期間を設けています」と言われたことがある。

ちなみに私は、本務校リベラルアーツ学群の設置人事として勤めて早7年目になるが、今年度は専門的な数学、リメディアル的な数学、リベラルアーツ的な数学、ゼミナールなどの他に、教職関係の数学（中学や高校の数学教員免許を取得するために必要な数学教育に関する授業）は一人で責任をもってすべて担当している（担当授業合計は前後期とも週9コマ）。その中で教職関係の数学だけは、学生に対して特に厳しく対応している。その理由は、教職関係の数学は学生が将来、教壇に立つことを考えて指導しなければならないためで、微分積分の計算問題は得意だとしても、図形の証明問題が苦手なままの者に対しては、単位は与えられないからである。

実際には、教職関係の数学の授業を履修する学生に対して、「修慧」の段階に達することを目指すように全力で励ますぐらいの指導しかできないが、その中から、正規の教員に採用された者も現れるようになった。教職課程に数学の教員免許のコースを設置していただいてよかったと思う半面、日本全体を見渡すと心配すべき問題が浮上していることに気づく。

それは、私から見るとまだ不満の残る学生が、採用試験の公開模試を受けると数学の成績が良く、高い合格可能性を得るということだ。模試の採点結果用紙を見てお灸《きゅう》を据えてやろうと待ち構えていることもしばしばあるが、その用紙を見せられると何も言えなくなってしまう。

大学教員人生35年間を振り返ってみると、私のゼミナールを卒業して正規の教員になって活躍している者は全国で200人近くおり、また授業を受けた者に広げると、その人数は600人ぐらいになる。しかし、その者たちと今の学生を比較すると、大きな違いを感じる。

特に指摘したいのは、第2次ベビーブーム世代の非常に優秀だった者が教員採用試験に片っ端から不合格になったことだ。それを思い出すと、悔しくてたまらない。確かにその世代の採用者数は極端に少なく、愛知県や神奈川県の高校数学教員の採用者数が0人とか1人という年もあったと記憶している。中学数学教員はそれと比べると多く採用されていたことは間違いないが、採用に関しては相当に厳しかったことを思い出す。そこで私は、一旦は教員の夢を捨てた第2次ベビーブーム世代の優秀な人材を発掘することを強く提案したい。こうした人材は社会経験も豊富で苦労を積んできただけに、小・中・高校どこに勤めても活躍すると思う。

実際、各自治体もこれに気づいてきているようで、教員採用試験の募集要項でも、採用時の年齢制限は徐々になくなってきている。私も、第2次ベビーブーム世代のゼミナール卒業生で一旦は教員の夢を捨てた数人に連絡をとって勧めたこともあるが、やはり20年という年月は長く、気持ちを大きく変えることは出来なかった。彼らが異口同音に心配して言うことは、10年に一度の「免許更新講習」のことだった。要するに、教員の身分が不安定になったと受け止めているのである。

そこで、この教員免許更新制度に関して一言述べておきたい。毎年、あちこちの会場で免許更新講習が行われているが、教育現場に全く興味をもたない大学教員が自分の専門のトピックスをばらばらに話しているだけのところが圧倒的に多く、昔からあった各自治体での定期的な教員研修制度の方が、現場を考えての研修だけにずっと機能していたと断言できる。

そもそも「不適格教員」の問題は、この制度ができる前に対処の方法が確立していたのであり、何のための制度かさっぱり理解できない。せいぜい、教員の身分が不安定になったように印象づける制度かもしれない。それによって失ったものの方がはるかに大きいと考える。

教員免許更新制度のようなものにうつつを抜かすぐらいならば、教員免許の国家試験化を速やかに目指せと私は言いたい。そもそも大学生の学力面での格差は「ゆとり教育」も手伝って一気に拡大した。ところが、教育実習や介護体験を別にすると、教員免許を取得するために必要な諸科目の単位取得は各大学に任されている。しかも本節で述べてきたように、過疎化が進行している県と大都市圏周辺とでは、教員採用に関しては競争率ばかりでなく問題形式も別世界なのである。この状況では、教員免許に関して「国」がもっと前面に出てもいいのではないか。

実際、2011年秋には中央教育審議会の特別部会で、教員免許も医師などのように国家試験を経て取得する案が一部の委員から出されたように、教員の資質と能力の最低基準を国が保証する制度を早急に検討すべきだと考える。国が前面に出ることによって、「故郷」の子どもたちに対する教育から「日本」の子どもたちに対する教育にも目が向くはずだ。過疎化が進行している県に〝名医〟が集中し、大都市圏周辺には〝やぶ医者〟が集中する世の中というものをイメージしてみれば、それが好ましくないことは理解していただけるだろう。

空間図形センスの大切さ

本章の最後に、教員免許の国家試験化に向けて期待したい夢を述べよう。それは第2章第5節の最後で触れたように、大学入試センターのような公的な責任ある機関を拡充させ、教員免許に関する国家試験化の中核的な組織を設置していただくことである。国家試験の問題は全問記述式にすることは当然で、さらに模擬授業も2次試験で行わせてもらいたい。これらは主に過疎県と大都市圏周辺との問題形式の大きな食い違いを調整する面があるだけでなく、国として重要と位置づける内容に関する問題を積極的に出題することもできるだろう。特に空間図形の問題の出題を強く求めたい。その理由を次に述べよう。

明治維新から間もない１８７５年から１８７８年まで、後に「ペリー運動」として有名になった英国のジョン・ペリー（応用数学、数学教育）を、東京大学工学部の前身である工部大学校は招いている。ペリーの「初歩の算術から小数を用いるべき」および「測量と立体幾何学（空間図形）を多く教授すべき」という考え方は、技術立国としての日本の礎を築いたと言える。

ジョン・ペリーが多く教授すべきと述べた空間図形は、積み木、あや取り、知恵の輪、プラモデルなど、かつて、日本の子どもたちがよく行った立体的な遊びを土台としている内容だと言い換えることもできる。ところが現在、子どもたちの間では、テレビゲームのような平面的な遊びが中心となっている。さらに中学校の数学では、空間図形をほとんど学習しないで卒業する生徒が続出している。高校数学における空間図形の扱いについても同じで、かつての理系進学の高校生は空間における一般の平面や直線を表す方程式をしっかり学んでいたが、これらも「ゆとり教育」の影響で現在は学んでいない。そのような傾向は結果として現れて当然だろう。

実際、２０１０年の全国学力テスト（全国学力・学習状況調査）で、中学３年の「数学」には、見取り図も示した立方体の問題があった。それは、立方体の２つの面の上に引いた２本の対角線の長さを比べるもので、「一方が他方より長い」「他方が一方より長い」「同じ」「どちらとも言えない」の４つから選択させる問題であった。私はほぼ全員が「同じ」を選択すると思ったが、文部科学省が発表した結果を見て、愕然《がくぜん》とした。「同じ」を選択した生徒はたったの55・7％だったからだ。

このような空間図形を苦手とする傾向は、企業で働く従業員にも及ぶことは想像できるだろう。

他方、技術立国日本の礎をつくったある大企業では、昔使っていた機械をすべて動くようにして、１年間かけて新入社員に空間図形のセンスを育む教育を行っている。私は以前、その現場を二度視察させていただいたことがある。そこでは、日本が誇る世界の大企業の生みの親としてのプライドと、さらには「技術立国日本を崩壊させてなるものか」という信念がひしひしと伝わってきた。教員免許が国家試験化となった暁には、試験問題を通してこの精神を受験者に訴えてもらいたいという夢を私は持つのだ。

［第4章］

論理的に考え、書く力を磨くために意識したいこと

4−1　グローバル化時代で大切なのは論述力

結論だけ述べてもダメ

本書で何度も述べてきたように、現代は、人や情報が国境を越えて活発に行き来する時代であり、経済、環境、領土などの解決すべき諸問題が大きく浮上している。このような時代には、独自の法律や風習をもつ各国が、自らの立場を他が納得できるように筋道を立てて説明する力、すなわち論述力が重要になってくる。それはたとえば『比の概念』を用いた説明」のような論述力となる。

国境を越えて食糧問題を議論するとしよう。このとき、各国の食糧生産量だけを用いて議論しようとしても無理がある。それは、それぞれの国で人口や食料品の種類が大きく異なっているからだ。そこで、食糧自給率という「比の概念」を用いて食糧問題を議論することが必要になってくる。

もちろん、論述力が重要なのは、ここで述べたような国境を越えた議論だけの話ではない。たとえば、現代社会は情報化が進み、一昔前の時代とは比べものにならないほど変化のスピ

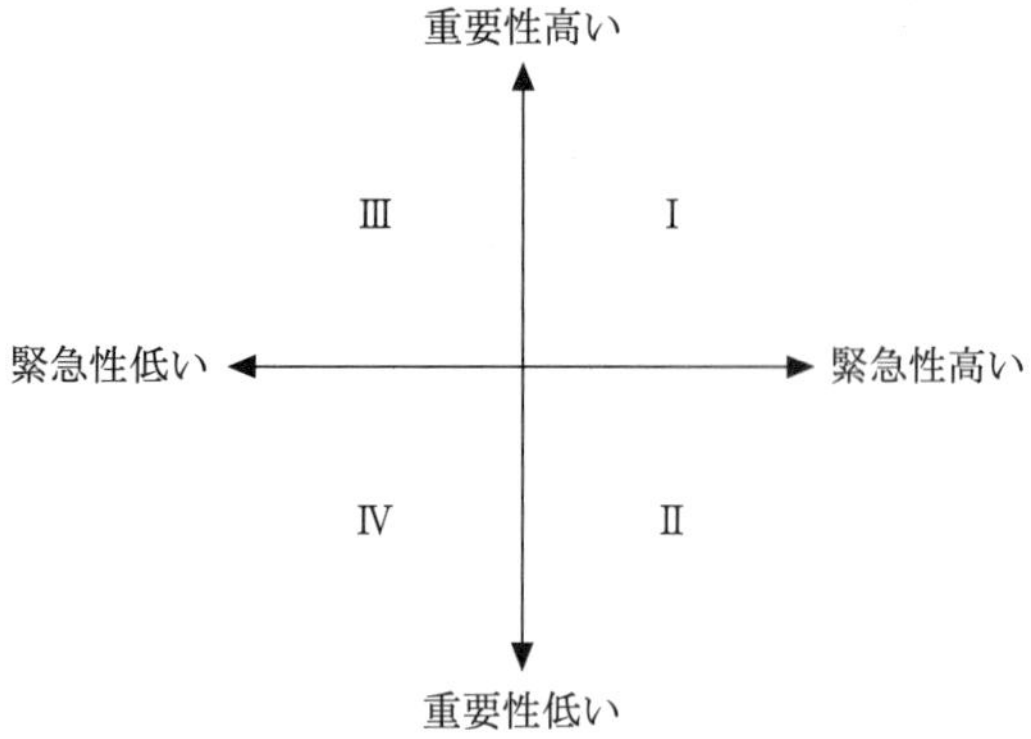

図8

ードが速くなっている。人の交流も活発だ。こんな時代には、「これは命令だ。オレの言う通りにやれ!」といったような、感情優先の指示や態度はもはや通用しない。それに代わって求められるのは、自分の考えや態度を他者にきちんと説明できる能力である。たとえばビジネスの場面で相手が納得しやすいのは、次のような説明だろう。

まず、複数の仕事に優先順位をつけるために考慮するべきことは、「緊急性」と「重要性」である。そこで図8のように、それら二つの要素を座標平面の軸にとって優先順位を考えてみる。緊急性と重要性があるIがトップに来て、ついでII、III、IVの順になる。この順番で仕事を行うなら広く理解を得られるだろう。

同時に、プロセスや理由を説明する姿勢も重要だ。

そのためには図形の証明問題のようなものの学習、あるいは常日頃から５Ｗ（When，Where，Who，What，Why）＋１Ｈ（How）を自問するような生活態度などがプラスになるだろう。

図形の証明問題が良い理由は、「仮定」にある条件を使って「結論」を導くという推論の形がはっきりしていること、および「仮定」が異なれば「結論」が異なることは不思議でも何でもないこと、そのようなことを学ぶことができる点にある。また、５Ｗ＋１Ｈを自問する生活態度は、「なぜ」「なぜなら」を自問することになるので、論理的に考えることの基礎を育むことになる。

国際的な経営コンサルタントである大前研一氏は、２００１年３月28日号の「サピオ」（小学館）で論述力について次のように述べている。この発言は12年も前のものだが、今読んでも、色あせるどころか謙虚に耳を傾けたい内容になっている。この12年間の日本の教育は、識者のこのような提言を無視して誤った方向に暴走してしまった結果ではないだろうか。

「アメリカのエリート大学は、文系、理系を問わずインド人の圧勝である」

「日本人留学生の中にも英語がペラペラの学生はいるのだが、そういう人たちもディベートになると黙ってしまう。そもそも日本人には論理的思考に基づいて議論をする習慣がない」

「みんなをその気にさせるためには、自分と異なる意見を全部出してみて、議論を積み重ねながら争点を絞り込み、自分はなぜこの意見を支持するのか論理的に説明する。最終的には意見の違う相手を説得して異論を収束し、みんなを納得させなければならない」

「書く」ときに注意すべきこと

普通の作文と同様、論述文もたくさん書けば上達する。ここでは特に、「書く」際に忘れてはならない二つの重要な点に触れたい。

その一つは、その論述文を読む者の理解力や読解力を常に意識することである。読み手が知らない単語を羅列する論述文、あるいは論理展開に飛躍がある論述文、そのようなものは決して好ましいものではない。こうした難解な論述文を書く人は、他人のことを考えないで自分の頭の中だけで論理を積み重ねて書くという特徴がある。

もちろん、そのような難解過ぎる論述文でも、読み手が非常に優秀な人であれば問題ないだろう。しかし、多くの人にとっては迷惑以外の何ものでもない。そして困ったことに、多くの日本人は難しい話や文章に直面すると黙ってしまい、口をつぐむ傾向にある。これが日本人の美徳であるならば、困った美徳ではないだろうか。

本当に優秀な人が書く論述文は、分かりやすくするために、丁寧すぎるほど丁寧に書かれていることが文章から垣間見えるが、読む人が分かりやすく読むことができなければ、意味はないのではないだろうか。

難解過ぎる論述文を書かないようにするためには、難しそうな単語にはその定義（意味）を書くこと、および、論理展開に飛躍がないかを疑いながら書くことがよい。さらに可能であれば、下書き段階の文を、それらの点に注意して誰かに読んでもらうとよいだろう。

論述文の読み手の中には、漫画や小説のように速読できないことに不満を言う者もいるが、これには耳を貸す必要はない。時間をかけて丁寧に読みながら内容を理解できればよいのであって、そのような意見に沿うような文は、論述文ではなくなってしまう。

「書く」ということで忘れてはならないもう一つの注意点は、書いた論述文の見直しである。前述したように、下書き段階で誰かに文を読んでもらうことは、一つの見直しである。他人の文にある間違いやミスは発見しやすいが、自分の文にある間違いやミスは発見しづらい。しかし、自分の文も、書いてから少し時間を置いて読み返すと、あたかも他人の文を読むような感じになり、間違いやミスは発見しやすくなるものである。

数字に関する間違いやミスを発見する技としては、概算による大雑把な計算と理科の単位によるチェックを挙げておきたい。前者は小数点の打ち間違いのような桁のチェックに有効で、後者は計算式そのものが間違っている場合のチェックに有効である。福島第一原発の事故後しばらく続いた記者会見でも、両方の間違いがあったことを思い出す（後から訂正されたが）。

また、対象をいくつかの場合に分けて考えることは効果的な場合が多いが、論述文を見直すとき、それぞれの場合に検討を加えているかどうかのチェックは大切である。数学の研究の世界でも、そのようなチェックを欠いたために間違った定理が完成し、後でその間違いを見付けた人が修正した定理を発表したことが幾度となくあった。

4－2　論理的に考えることの仕組み

「前提」の重要性

前節で述べたように、中学校で習う図形の証明は、「仮定」から「結論」を導くという推論の形がはっきりしていて分かりやすい。現実の諸問題を考えるとき、その「仮定」はむしろ「前提」という言葉を使うことが多いので、ここでは以後、「前提」という言葉を用いることにしよう。

最初に、論理的に考えることの主要部分は中学校の図形の証明問題と同じで、「前提」、「結論」、「前提 ↓ 結論の間にある推論」の３つから構成されている。

日本の政治を見ていると、消費税増税、ＴＰＰなどに関する議論でもよく聞かれるように、「玉虫色の決着」という言葉が多く用いられる。この「玉虫色」という言葉が出てくるときには、必ず「前提」の部分に解釈が曖昧な内容が残っていることが多い。したがって、「玉虫色の決着」とは「未確定な部分が残る決着」、すなわち「決着していない決着」となる。だからこそ、後でガタガタと大騒ぎすることになる。

２０１３年９月にも、消費税増税をどう扱うかで大騒ぎになっていた。その結論は、「２０１４年４月から８％、２０１５年10月には10％に増税」だが、前提となる文はいわゆる「景気条項」としての次の文である。

「消費税率の引上げに当たっては、経済状況を好転させることを条件として実施するため、物価が持続的に下落する状況からの脱却及び経済の活性化に向けて、平成二十三年度（注・2011年度）から平成三十二年度（2020年度）までの平均において名目の経済成長率で三パーセント程度かつ実質の経済成長率で二パーセント程度を目指した望ましい経済成長の在り方に早期に近づけるための総合的な施策の実施その他の必要な措置を講ずる」

この文は、正に「玉虫色」をよく表している象徴的な文ではないだろうか。その理由を示そう。まず、「名目で3％程度」「実質で2％程度」という数値は明記されているものの、これが消費税増税の条件とはなっていないことに注目したい。また、「3％程度」とか「2％程度」という「程度」が付いた数値も曖昧だ。これはどのように解釈すればよいのだろうか。さらに、2011年度から2020年度までの平均経済成長率という、かなり先のことまで含めた表現をどのように捉えればよいのだろうか。この部分が、もし仮に平成二十五年度1月～3月期のGDP成長率を年率換算した数値ではっきり与えられているならば、それを基にして増税するか否かを判断することができる。

私がここで消費税増税の問題を取り上げたのは、消費税のことを語りたい気持ちからではなく、「前提」は曖昧であってはならない、という気持ちからである。「前提」が重要だというのは、たとえば裁判で、検察と被告の双方が提出する「前提」となる証拠のどちらを裁判所が採用するか否かで、判決が大きく変わることがあることからも分かるだろう。もちろん、「前提」と同様、「結論」も曖昧であってはならないことは言うまでもない。

「言葉の定義」の重要性

論理的に考えることにおける「前提」の重要性はこの辺りにして、その次に重要だと位置づけている「言葉の定義」について触れよう。第１章第５節では、学生を指導する立場から「定義」と「規則」の重要性を論じたが、現実の問題を考えるとき、「対・学生」ではなく「対・社会」だけに、それらの重要性はより高いはずである。なお、「規則の重要性」については第１章の第５節で詳しく述べたので、ここでは取り上げない。

「言葉の定義」に関する一例として、ここでは引き続き、消費税増税の前提としての「景気条項」（前出）にもある「平均経済成長率」という言葉を考えてみよう。

２００２年２月に始まった景気拡大は06年11月で58カ月目となり、１９６５年11月から４年９カ月にわたって続いた「いざなぎ景気」を超えたと当時言われた。その間の景気回復は戦後〝最長〟となったものの、多くの国民にとってはあまり実感の伴わない回復だった。

ここでは、GDP（国内総生産）に関するデータ発表のときによく用いられる「四半期」という言葉から、この「景気拡大」について検証してみよう。四半期とは、一年を1月から3月、4月から6月、7月から9月、10月から12月の4期に分けたうちの一つを意味する。これらは順に、第1、第2、第3、第4四半期と呼ばれる。

もし第1四半期で1％成長し、第2四半期で2％成長し、第3四半期で5％成長し、第4四半期で3％成長したとすると、その年の成長は、

1＋2＋5＋3＝11（％）

となるだろうか。これは誤りで、正確には、

1.01×1.02×1.05×1.03＝1.11141613

となる。したがって、この年の成長率は約11・4％が正しい。

「いざなぎ景気」は４年９カ月にわたって続き、その間に67・８％成長した。「いざなぎ景気」を超えたと言われた06年11月頃の新聞やテレビ報道などでは、４年９カ月にわたって続いた「いざなぎ景気」の年平均成長率は14・３％というものもあれば、11・５％というものもあった。この差はどこからくるのだろうと思い、当時、不思議に思って計算した。

まず、４年９カ月は４・７５年のことなので、14・３％という数字は、

67.8 ÷ 4.75 = 14.27…

という計算式から導いたことが判明した。これは、先に説明したことからも誤りである。

実際、年平均成長率が14・３％だったとすると、

1.143の４乗 = 1.143 × 1.143 × 1.143 × 1.143 = 1.70…

となるので、４年間で70％を超す成長をしたことになる。

では、いざなぎ景気の年平均成長率は11・５％が正しいのだろうか。

まず、四半期、すなわち3カ月ごとの単位で考えると、4年9カ月は3カ月が

4×4＋3＝19（個）

あることになる。その間に67・8％成長したのだから、xの19乗が1・678となるxを探すと、

1.0276の19乗≒1.677

になる、つまり、4年9カ月で67・8％成長したいざなぎ景気の3カ月単位の平均成長率は約2・76％になる。そして、

1.0276の4乗＝1.115…

という式から、いざなぎ景気の年平均成長率は11・5％が正しいことが導かれる。

私は当時、このような誤った報道をしたマスコミに対して前述の説明を丁寧に伝えたが、「いざなぎ景気の年平均成長率14・３％は誤りで、正しくは11・５％」という訂正の記事やコメントを見聞きすることはなかった。そこで、少し間を置いてから、雑誌や著書に年平均成長率の説明を各種の平均（相加平均、相乗平均、調和平均、単純平均、加重平均）のうちの一例（相乗平均）として書いたことがある。「平均成長率」は、今まさに進行中の消費税増税問題の核心にある「景気条項」のキーワードであることを鑑みても、このような言葉の定義こそ大切に扱うべきだろう。

4－3　論理的に考えるためのヒント

前節を論理的に考えることの骨組みと見なすならば、本節はその肉付けとなる「発想」の紹介だと理解していただければよいだろう。それらのうち、特に大切な事項を箇条書きにしてまとめることにしたい。

・鍵

最初の「発想」は、解決すべき課題や問題のそれぞれには、「これさえ乗り越えることができれば後は簡単になる」、あるいは「ここさえ上手に説明できれば、後の説明は簡単になる」という「鍵」のことを指す。たとえば、菓子メーカーが新たに高級洋菓子を生産するにあたっては、ターゲットとする大都市の御婦人層からの購入意欲が高いことを納得させるデータを示すこと。あるいは、容疑者が「事件当時、自分は事件現場から離れた公園にいた」と主張する公園には当時、誰もいなかったことの立証もそうである。

そのような「鍵」を常に意識して見失わないことが、「考えること」「書くこと」の両面において大切になる。会議の席上で、どうでもいいようなことをすぐムキになってワーワーと騒ぐ人はどの世界にもいるようであるが、このような方は議題の「鍵」を見失っているのだろう。

・「すべて」と「ある」

次の発想は、第3章第2節でその重要性を述べた「すべて」と「ある」の用い方である。これらは、論理的に考えたり書いたりするときは、特に意識したい。それによって正確に考えることができるばかりでなく、思わぬ勘違いや誤解を防ぐことにもなる。

実際、かつて某私立中学の入試算数問題に、選挙で複数人の当選可能性を問う問題が出題されたことがある。ところが問題をよく読めば読むほど、「すべての選挙結果」でいえることを質問しているのか、「ある選挙結果」で起こり得ることを質問しているのか、さっぱり分からなかった。実は、このような困った中学入試の問題はときどき見かける。

また、多くの論理学書や数学書の最初に書かれている全称記号「∀」と存在記号「∃」は、それぞれ「すべて」と「ある」の意味である。「∀」は英単語「All」のAを上下ひっくり返したものであり、「∃」は英単語「Exist」のEを左右ひっくり返したものである。英語圏で暮らす人々にとっては、「all」や「some」は生まれたときから自然とその用法が身に付くものだが、日本で暮らす人々にとって日本語の「すべて」と「ある」は、そのようにはいかない用語だろう。それだけに、それらはなるべく意識的に用いたい。

一方で、よく「日本語は論理的でないから、厳密な論理学や数学を学ぶ人は英語で学ぶといい」と言う人がいるが、この意見はやや行き過ぎだと考える。ほとんどの日本人数学者は数学の問題を日本語で考えているし、高度な数学でも日本語で学んで困ることはない。余談だが、英語の数学書を読むとき、「the elements」は「その元」と訳しては間違いで、「すべての元」と訳すとよい。

・背理法

次の発想は、「背理法」である。背理法とは第2章第4節の問題3（85ページ）で取り上げたように、結論を否定して矛盾を導いて結論の成立を示す証明法のことである。ここで、一つの例を挙げよう。

いま、31人が参加しているあるパーティー会場で、全員が「自分はちょうど5人とお互いに知り合いの関係がある」と言ったとしよう。これは、誰かが嘘を言っていることになる。これを背理法で証明しよう。

まず、前述の発言が正しいと仮定して、知り合いの関係全部の個数を求めてみる。知り合いの関係全部の個数とは、たとえば図9で示した場合の線の本数のことである。

ここに、A、B、C、D、Eの5人がいたとする。AはBと知り合い、BはA、C、Dと知り合い、CはB、Dと知り合い、DはB、C、Eと知り合い、EはDと知り合いのとき、図のように知り合いの関係をそれぞれ線で示すと、すべての線の本数は5本なので、知り合いの関係は5個ということになる。

図9において、A、B、C、D、Eそれぞれから見て、知り合いの本数は1本、3本、2本、3本、1本で、それらの合計は10本だが、この計算では一つの知り合いは2回ずつ計算されていることになる。たとえばAとBを結ぶ線は、Aからの1本とBからの3本のうちの1本として計算されている。したがって、合計の10本を2で割って得られる5本という答えが、図9における知り合いの関係全部の個数になる。

話を31人のパーティー会場の場合に戻し、知り合いの関係全部の個数を上のようにして計算すると、

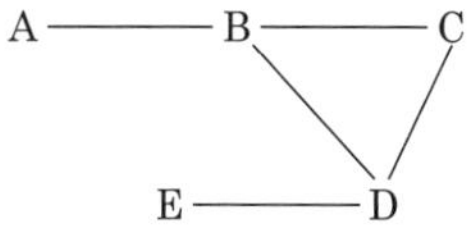

図9

$$31 \times 5 \div 2 = 155 \div 2 = 77.5$$（個）

という答えになる。ところが、知り合いの関係の個数は整数でなくてはならない。したがって、これは矛盾した数字を示している。つまり、パーティー会場では誰かが嘘を言っていることになる。

第2章第4節の問題3の後に触れたように、犯罪捜査で容疑者にアリバイが成立してシロと判断されることは背理法の発想である。また、10部屋

あるビルに犯人が逃げ込んだという情報で捜査員10人がビルに入り、捜査員が一人ずつ同時に各部屋に飛び込んだところ、だれも犯人を見付けられなかったならば、犯人がそのビルに逃げ込んだという情報はガセネタとなる。これも背理法の発想である。

・場合分け

次の発想は、「場合分け」である。まず、検討すべき対象をいくつかの場合に分けることは、その各々に強い条件を付けることに留意していただきたい。第2章第4節の問題3（85ページ）の解答では、pが3で割り切れる場合、pが3で割って余り1の場合、pが3で割って余り2の場合、それら3つの場合に分けたことが、証明が成功したポイントである。ところが、近頃の学生からは「どうして、そのように3つに分けることを思い付いたのですか」という「思い付き方」を尋ねる質問をよく受ける。

実は、その学生の質問が、場合分けに関する重要な注意点である。なぜなら、場合分けはどのように行っても自由だからだ。まずは、いろいろな場合分けを自分自身で工夫して行ってみることが大切だ。その中から最も効果的と思う場合分けを選べばよいのであって、初めから「やり方」を真似るものではない。

小学校で輸血を考える場合は、生徒をA型、B型、O型、AB型の４つに分けることになる。同じ小学校で学力調査を考える場合は、生徒を1年から6年まで6つに分けることになる。このように、場合分けは目的に合わせて対象をその都度変更することが、むしろ普通なのだ。場合分けに関して「やり方」を固定すると、良い発想は生まれないだろう。

・「視覚的」に捉える

次の発想は、「視覚的」に捉えることである。まず、小学校で学んだ各種のグラフについてまとめると、次のようになる。棒グラフは各国の人口比較のように、いくつかの対象の大きさを比較するとき便利である。折れ線グラフは気温の変化のように、ある対象の時間に伴う変化を示すとき便利となる。帯グラフと円グラフは、全体をいくつかに分割したものそれぞれの割合を示すのに用いられる。特に帯グラフは、縦に並べることによって割合の経年変化を表すことがある（図10、174ページ）。また、円グラフは、円の面積で量を表すことがある（図11、174ページ）。それら4つのグラフは、実社会の様々な問題を捉えるとき頻繁に用いられるように、それだけ重要なのである。

これまでに示した各図を見ても分かるように、図によって視覚的に捉えることは、厳密な

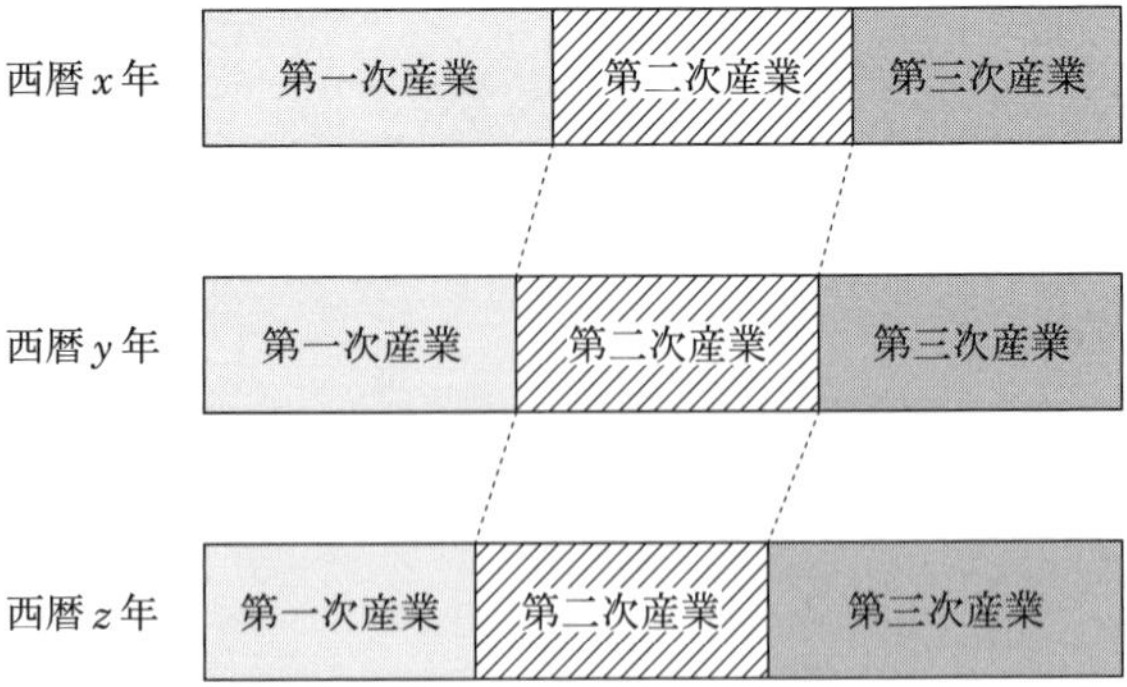

図10（産業別人口比率）

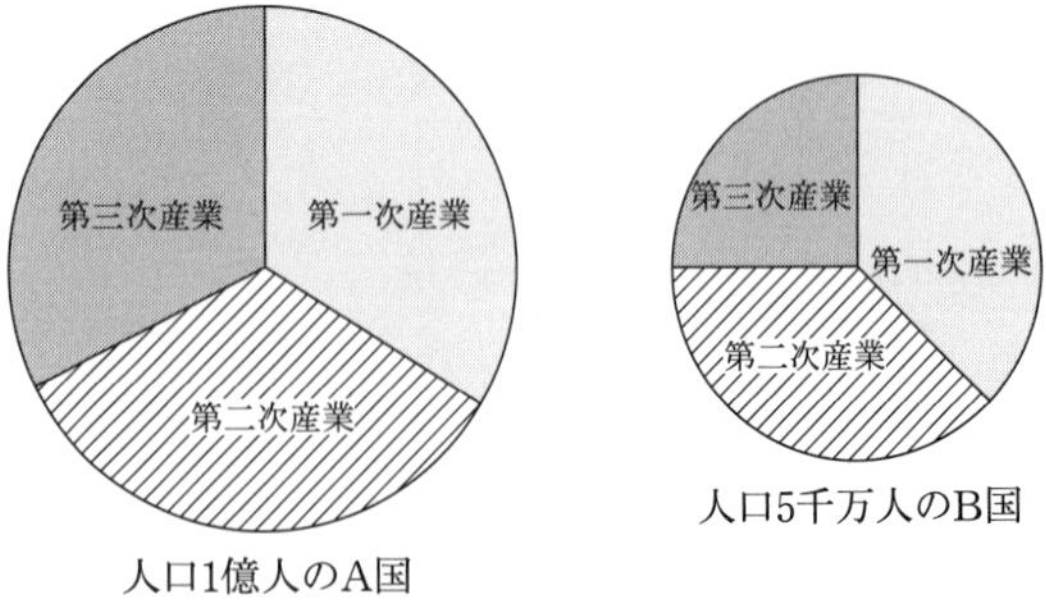

図11（産業別人口構成の比較）

議論では若干弱い面もある。しかしながら、論理的に物事を考えるときでも、とりあえず最初は視覚的に捉えることが、今後の目指すべき方向性を鮮明にすることがよくあるのだ。

小学校時代に算数の文章題を習ったとき、「図を描いて考えると分かりやすいよ」という指導を受けたことを思い出す読者の方も少なくないだろう。上手な図を描いて決定的なヒントを得たことが、振り返って文章問題を解く鍵であったことを思い出すかもしれない。もちろん、小学校で習う面積の問題や中学校で習う図形の証明問題や地図の問題などを解くとき、図を描いて考えることは当然である。

そこで図形以外の問題を検討するとき、小学校で習う前述の４つのグラフを別にすると、描いてヒントにするものとして広く用いられている図は、どのようなものであろうか。この疑問に関しては、関数のグラフ、樹形図、ベン図、相関図の４つは必須であると考える。関数のグラフに関しては第１章第５節で触れたので、ここでは省略する。ここでは、他の３つに関して簡単に説明しよう。

樹形図は、図９（１７１ページ）も一例であるが、図12（ア）（１７６ページ）で示された地図で、Ａ地点からＦ地点まで至る（同一地点は２度通らない）ルートの本数を調べるときの図12（イ）（１７６ページ）、あるいは１、２、３、４だけが（重複を許して）用いられている

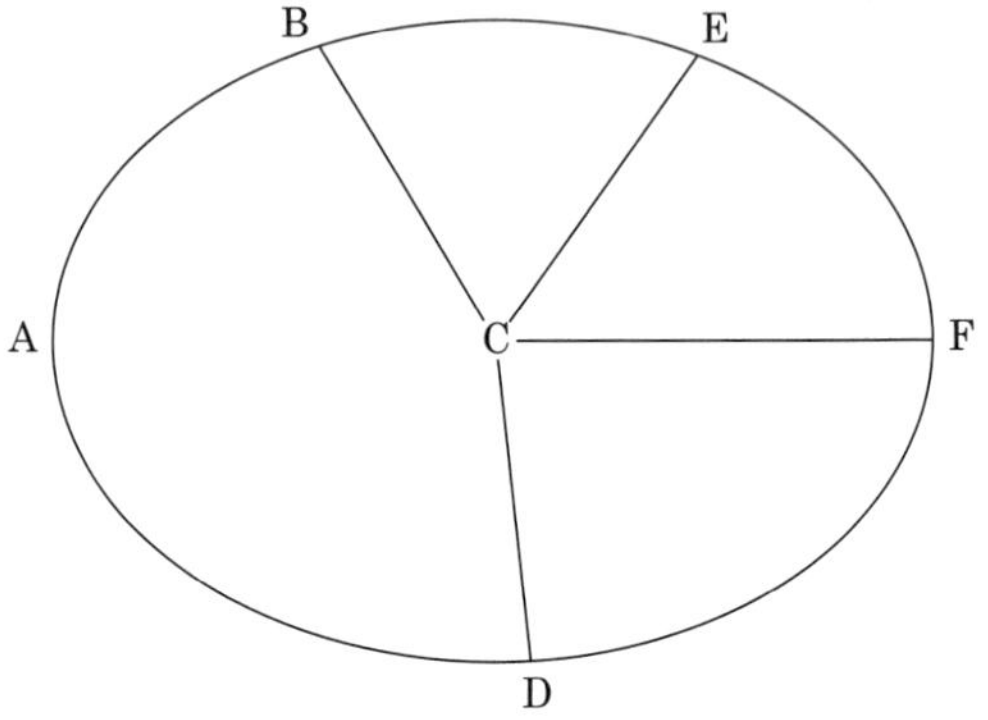

図12（ア）

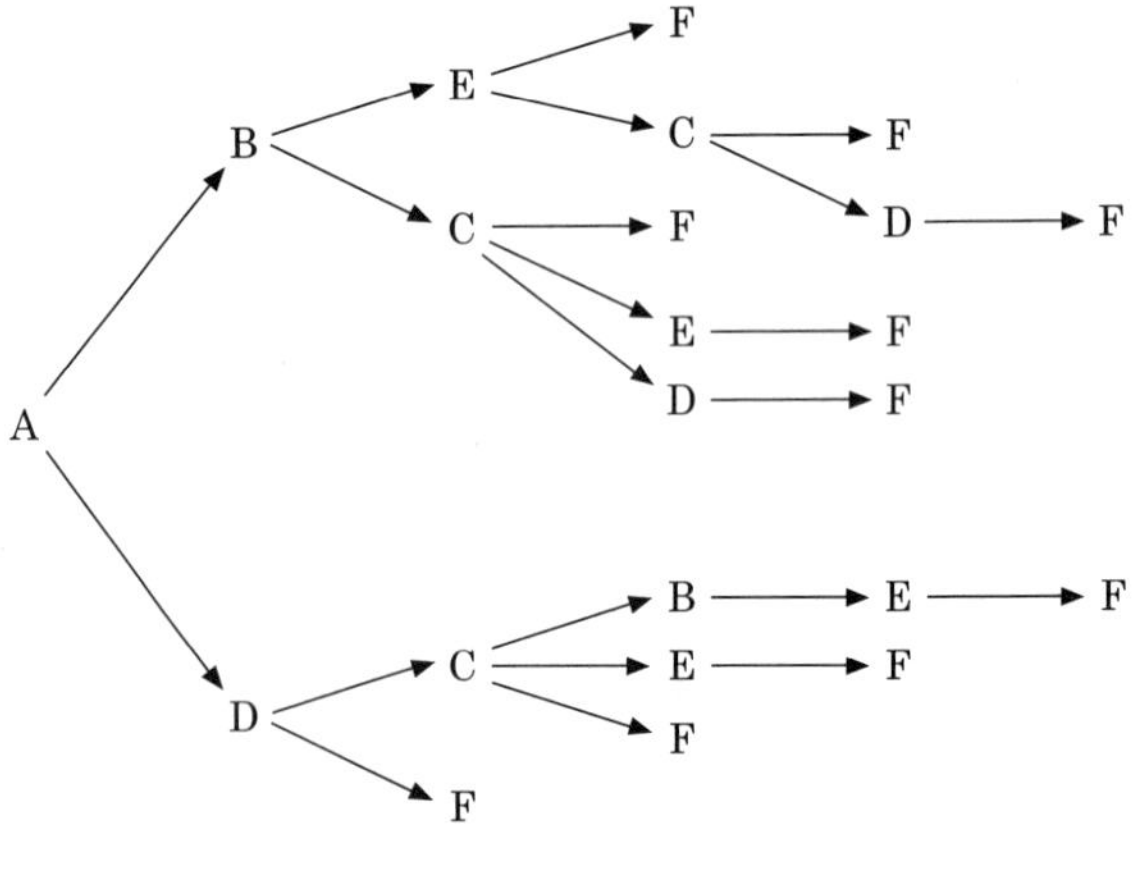

図12（イ）

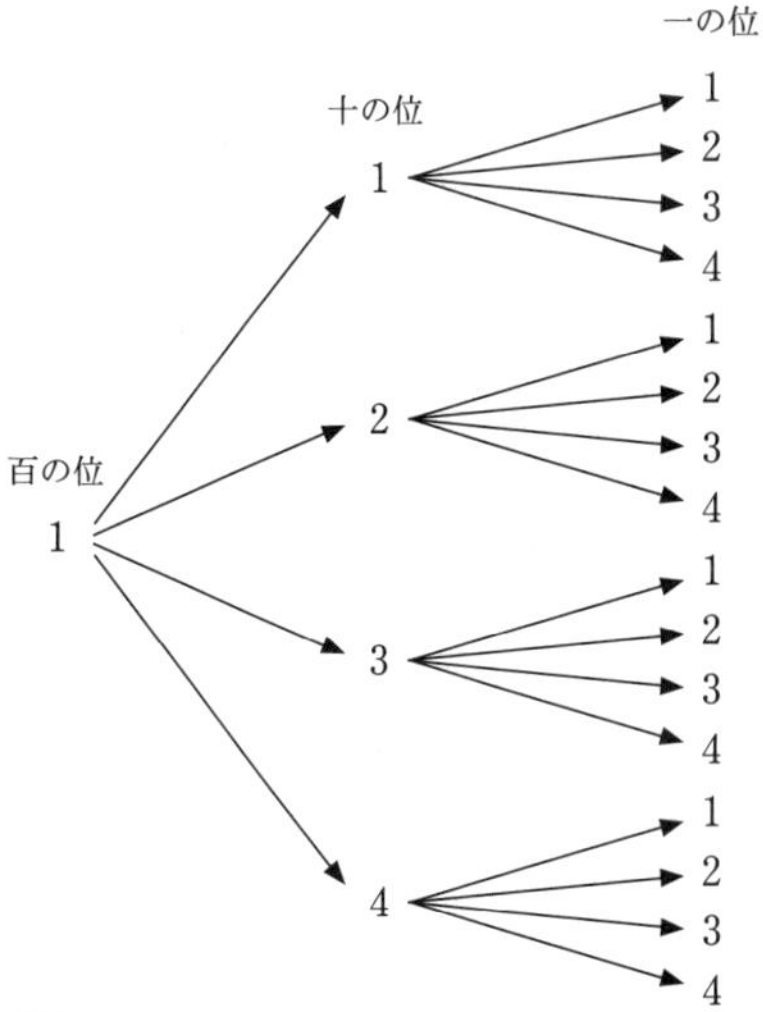

図13

３桁の整数で百の位が１であるものの総数を求めるときの図13などは、すぐに思いつく応用である。

ベン図は、たとえばUをある学校の生徒全員の集合、AをUに含まれる３年生全員の集合、BをUに含まれる男子生徒全員の集合、CをUに含まれる運動部所属の生徒全員の集合とするときの、それらの包含関係を図14（１７８ページ）で示したようなものである。ただ、ベン図は、集合の包含関係を強引に平面に図示しているものなので、同時に扱う集合の個数が増えた場合は困ることに留意したい。

相関図は、たとえばクラス20人の生徒

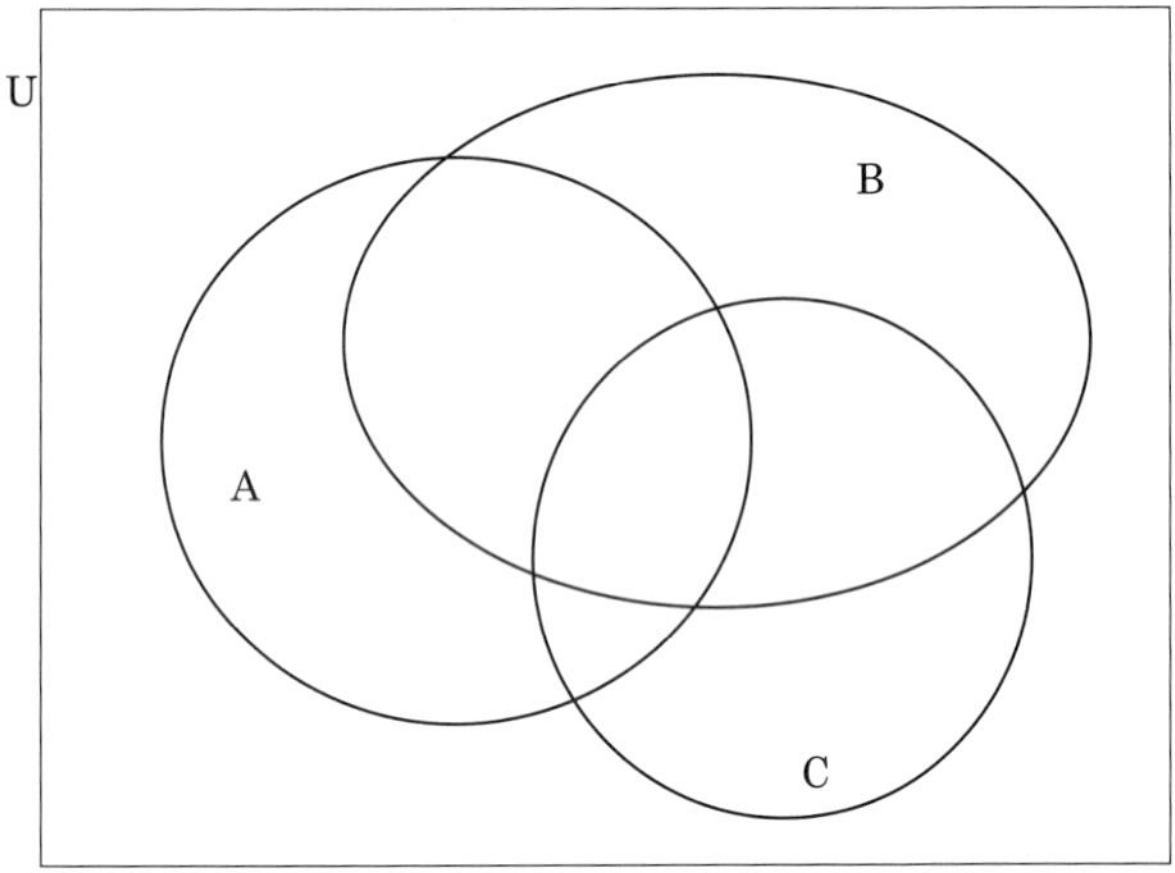

図14

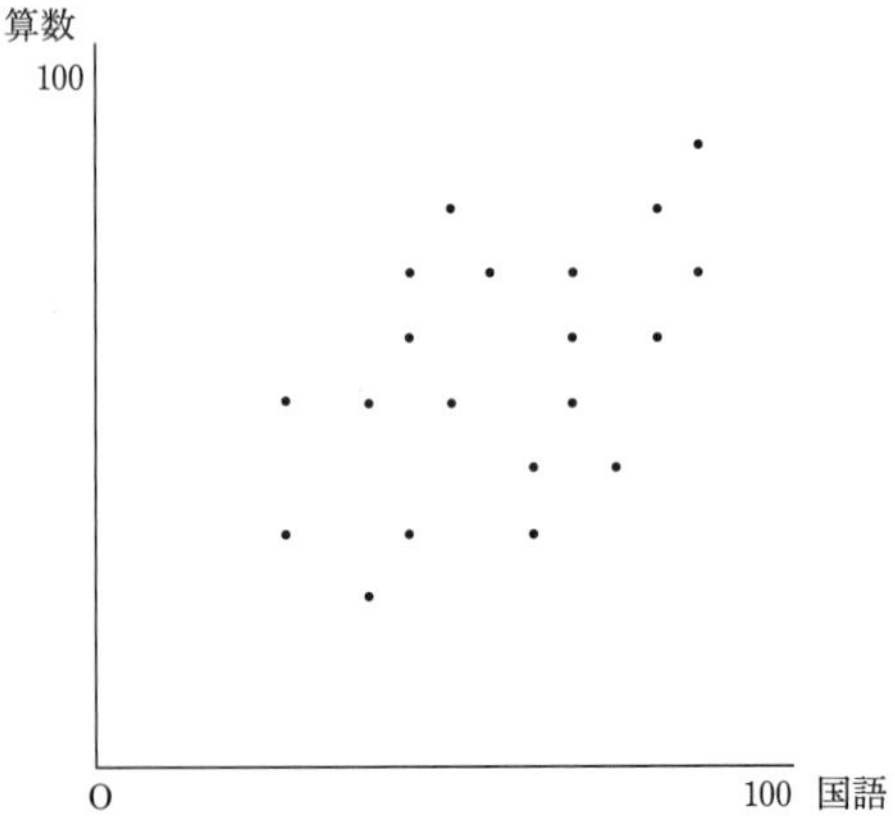

図15

の国語と算数の成績を、それぞれｘ、ｙで表して、ｘｙ座標平面上に対応する20個の点をプロットした図15のようなものである。いわゆる相関係数は、相関図が正の傾きの直線に近づくと１に近くなり、負の傾きの直線に近づくとマイナス１に近くなる。

・「逆向き」に考える

最後の発想は、「逆向き」に考えることである。Ａ→Ｂ→Ｃ→Ｄという、Ａから始めてＤが最後の仕上げとなる一連の仕事、Ａ、Ｂ、Ｃ、Ｄがあったとしよう。そして、Ｄは月末までに仕上げるものとしよう。このとき、計画はどのように立てればよいのだろうか。このような場合、仕事の順序はＡからＤに向かって検討するよりも、それぞれの仕事がどれくらいの日数を要するかを考えて、次のように逆向きに考えるとよい。

Ｄの仕事は７日間を要するので、ギリギリ24日にスタートしなくては間に合わない。Ｃの仕事は３日間を要するので、ということは、ギリギリ21日にスタートしなくては間に合わない。Ｂの仕事は６日間を要するので、ということは、ギリギリ15日にスタートしなくては間に合わない。Ａの仕事は４日間を要するので、ということは、ギリギリ11日にスタートしなくては間に合わない。だから、Ａは11日にスタートすることに決定！

実際、現実の問題を考えるときも、逆向きに考えると効果的な場合がいろいろある。要するに、出発点から目標地点を見るばかりでなく、「目標地点から出発点の方を見て、目標地点に到達する道を探そう」ということを考えることも、効果的な場合が多々あるのだ。数学の証明問題でもこのアイデアは有効であるが、これを誤解して解釈し、結論から仮定を導く困った学生が少なからずいる。「逆向きに考える」ことの意味を説明するときは用心しなくてはならない。

4-4 数学がもつ様々な視点

4つの視点

数学には様々な分野があり、分け方も多様だが、一般的に次のように分けられる。

（Ⅰ）構造の視点をもつ代数学や離散数学
（Ⅱ）時間に伴う変化の視点をもつ解析学
（Ⅲ）視覚からの視点をもつ幾何学

(Ⅳ) データからの可能性の視点をもつ統計学や確率論

本書では、第２章第４節の問題１（83ページ）、問題３（85ページ）などは代数学、第２章第４節の問題２（84ページ）、第４章第２節の平均経済成長率（163ページ）などは解析学、第１章第５節の円周率（33ページ）や第２章第３節の例題４（78ページ）などは幾何学、第４章第３節の知り合いの関係（170ページ）は離散数学、第４章第３節図15の相関図（178ページ）は統計学、第４章第４節のじゃんけん大会の話題（189ページ）は確率論、そのような分け方ができるだろう。

現実の諸問題を論理的に考えるときも、どのような視点で何を仮定して考えるかを念頭に置くことにより、数学の各分野にある発想や成果は参考になるはずだ。そこで本節では、冒頭で紹介した４つの視点が分かるような生きた題材を一つずつ紹介しよう。

なお、本書は数学書ではないので、数学面での詳しい説明は省略するが、省略した公式や定理などの解説は拙著『新体系・高校数学の教科書（上・下）』（講談社、２０１０年）または『新体系・中学数学の教科書（上・下）』（前掲書）に収めてある。

（I） 構造の視点

まず、2013年7月に行われた参議院選挙の比例区（定数48）を例に挙げて、（I）の構造の視点から考えてみよう。日本の選挙では、比例区の当選者数は「ドント方式」によって決定される。ドント方式は、次の性質を持つ。

ドント方式：比例選挙で、2つの政党X、Yが別々に選挙を行うときの得票数を、それぞれx、yとし、また当選人数をそれぞれa、bとする。もしXとYが合併してZという政党を作り（他の政党は得票数を含めて一切変更なし）、Zの得票数がx＋yになるとすれば、Zの当選人数はa＋bまたはa＋b＋1になる（証明省略）。

もう少し具体的に説明しよう。当選者数が10人のドント方式による比例選挙があり、A、B、Cの3党が立候補したとする。そして選挙での得票数は、Aが7200、Bが5040、Cが3960とする。このとき、次の表4を見よう。

当選者数が10人なので、表の中の、式を除く大きい方の数字から10個を選び出す。すると、Aの上から5個、Bの上から3個、Cの上から2個の数字が選ばれる。そこで、Aは5人、

	A	B	C
得票数÷1	7200	5040	3960
得票数÷2	3600	2520	1980
得票数÷3	2400	1680	1320
得票数÷4	1800	1260	990
得票数÷5	1440	1008	792
得票数÷6	1200	840	660
:	:	:	:

表4

Bは3人、Cは2人を当選とするのである。

実は1990年代の半ばに、政治学の研究者から「日本の比例選挙において使用されているドント方式は、大政党により有利に作用するはずだが、数学的な説明を書いた文献がどこにもない」と尋ねられたことがある。その質問がきっかけとなって、前述の一般的な性質を証明し、何冊かの著書等でも紹介した。

さて、2013年7月に行われた参議院選挙の比例区(定数48)の各党別の当選者数は、次の通りである。

自民:18
公明:7
民主:7
維新:6
共産:5

みんな：4
社　民：1

いま、架空の政党として、自民党と公明党以外の政党全部が一つになった「自公以外党」という政党をつくったとしよう。そして、

自公以外党の得票数 ＝ 全得票数 － 自民の得票数 － 公明の得票数

と仮定してみる。すると、

自公以外党の得票数＝53229608－18460405－7568080＝27201123
自民党の得票数＝18460405
公明党の得票数＝7568080

となるので、次の計算結果を得る。

自公以外党の得票数 ÷ 25 ≒ 1088045
自公以外党の得票数 ÷ 26 ≒ 1046197
自民党の得票数 ÷ 17 ≒ 1085906
自民党の得票数 ÷ 16 ≒ 1153775
公明党の得票数 ÷ 7 ≒ 1081154
公明党の得票数 ÷ 6 ≒ 1261347

したがって、自公以外党をつくっていれば、自民党は17人（マイナス１人）、公明党は６人（マイナス１人）、自公以外党は25人を当選させることができたのである（自公以外党の合併効果は２人）。

（Ⅱ）変化の視点

（Ⅱ）変化の視点からの話題は、２０１０年に廃止された消費者金融のいわゆる「グレーゾーン金利」についてである。最初に、a円のお金を借り、毎回の返済額は一定の元利均等返済方法で、ちょうどn回で完済するときの毎回の返済額d円の一般式を考えてみよう。ただし、返済は毎月1回するものとし、利息は月利「r－1」とする。なお、月利は、年利の12分の1である。たとえば、年利18％、30％ならば月利はそれぞれ1・5％、2・5％であり、rはそれぞれ1・015、1・025となる。

第2章第4節の問題2（84ページ）の結果を用いることにより、上に示した公式を得る（証明省略）。

公式　$$d=\frac{r^n a(r-1)}{r^n-1}$$

さて、グレーゾーン金利が廃止されたことにより、消費者金融の金利は大まかに述べると、年利約30％から年利約18％に下がった。その効果がどれだけのものなのか、実際に計算してみよう。

月利1・5％で100万円のお金を借り、元利均等返済方法によって60カ月（5年）で完済する場合、のべ返済額はいくらになるかを求めてみる。公式に、

$$r=1.015,\ a=1000000,\ n=60$$

を代入して毎月の返済額ｄ円を計算すると、ｄは約２万５３９３（円）となる。

したがって、のべ返済額は、約

25393×60＝1523580（円）

となる。これは、利息分として約52万円払うことを意味している。

また、月利２・５％で１００万円のお金を借りる場合も同様に計算すると、ｄは約３万２３５３（円）となる。

したがって、のべ返済額は、約

32353×60＝1941180（円）

となる。これは、利息分として約94万円払うことを意味している。

以上から、グレーゾーン金利の廃止によって金利負担分が94万円から52万円に減額されたことになる。

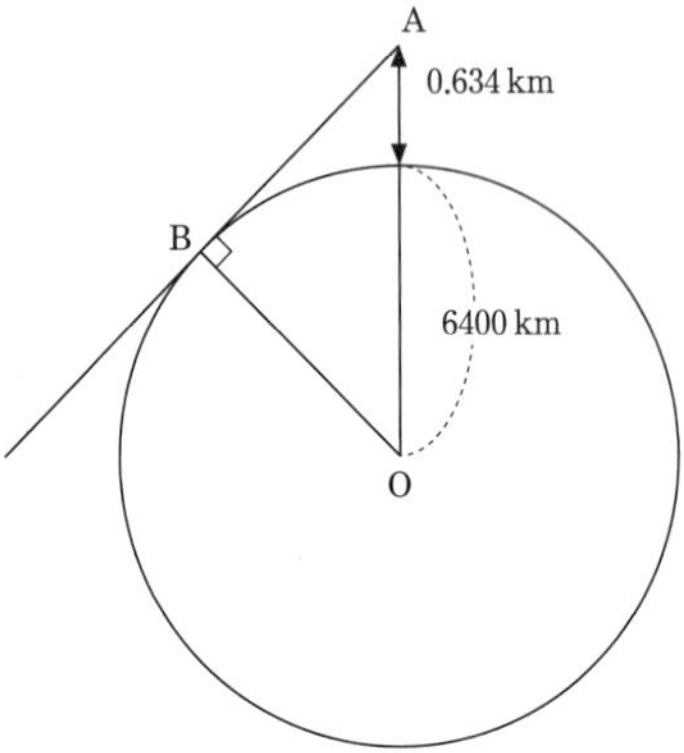

図16

（Ⅲ）視覚の視点

（Ⅲ）視覚の視点からの話題は、東京スカイツリーの最上部（地上６３４メートル）からは、どのくらい遠くの地点まで見渡せるか、という問いの答えである。用いる道具は直角三角形についての「三平方の定理」で、これを図16に応用してみよう。なお、Ａはスカイツリーの最上部で、Ｏは地球の中心である。

　地球を半径が６４００キロの球と見なすことによって、

OAの２乗＝ABの２乗＋OBの２乗

OA＝6400.634 km

OB＝6400 km

となるので、ＡＢは約90キロということが導かれる。

(Ⅳ) 可能性の視点

(Ⅳ) 可能性の視点からの話題は、ＡＫＢ48じゃんけん大会での思い出である。まず、参加メンバー51人の第１回大会の『ＡＫＢ48じゃんけん選抜公式ガイドブック』（光文社、２０１０年）で、私は次の予想期待値と確率を書いた。

（選挙で選ばれた）総選挙ベスト16（人）のうち、何人がじゃんけん選抜ベスト16（人）に入るかという人数期待値＝4.25（人）

総選挙ベスト16（人）のうち、ちょうどｎ人がじゃんけん選抜ベスト16（人）に入る確率＝「□÷32768」（表5、190ページ）

もちろん、私の計算の仮定として、二人で行う個々のじゃんけんの勝負はすべて互角であるとしている。

n	0	1	2	3	4	5	6	7	8	9	10
□	81	756	2943	6384	8602	7544	4366	1648	389	52	3

表5

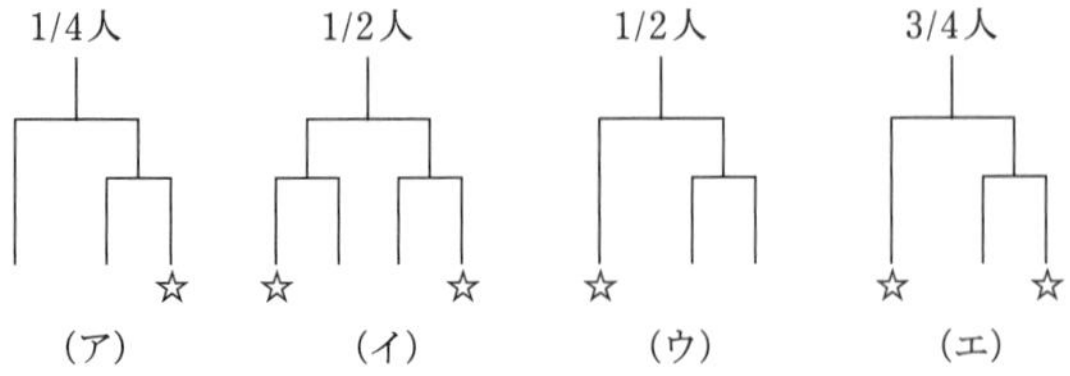

図17

まず、図17の説明をすると、（ア）、（イ）、（ウ）、（エ）のような部分で勝ち上がると、じゃんけん選抜ベスト16に入るようになっている。☆が付いているメンバーが総選挙ベスト16のメンバーを意味している。図17を見ることにより、（ア）では総選挙ベスト16が４分の１人、（イ）では総選挙ベスト16が２分の１人、（ウ）では総選挙ベスト16が２分の１人、（エ）では総選挙ベスト16が４分の３人、それぞれじゃんけん選抜ベスト16に入る予想ができる。（ア）、（イ）、（ウ）、（エ）……のようなじゃんけん選抜ベスト16を決定する小ブロックは全部で16個あるが、（ア）ならば４分の１人、（イ）ならば２分の１人、（ウ）ならば２分の１人、（エ）ならば４分の３人……という、それぞれの人数期待値16個を加えた結果が４・２５人になったのである。

そして、２０１０年９月21日に行われたじゃんけん大会の結果で、じゃんけん選抜ベスト16に入った総選挙ベスト16のメンバーはちょうど４人になったので、その計算は人生最高の思い出となる期待値計算となった。

表５の説明にはじゃんけん大会のトーナメント表も必要で、さらに煩雑な計算が必要になるので、ここでは割愛させていただく。

「その場しのぎ」ではない学びのために

翌年の２０１１年の夏、「アイドルグループＡＫＢ48の２０１１年じゃんけんトーナメント大会」は71名が参加で、上位８人の８連単を当てる確率は１兆５４２７億９４４８万６４０分の１」という雑誌やスポーツ新聞での記事、あるいはテレビでの報道があった。それを見聞きした瞬間に、「これは怪しい！」とピンときた。

私は、報道の誤りを訂正することは「数学教育の生きた教材として意義がある」と考え、次に指摘する誤りの本質を「週刊朝日」２０１１年９月23日号などに書いた。特に、「数学の学習で誤りを正すことは大切であり、それによって学力もアップする」ということを伝えたかった。

誤りの本質は二つあって、一つは図18（ア）の9人がブロック代表になる確率を全員9分の1としたこと（左隅の2人のその確率は他の者の2分の1である）。もう一つは図19のベスト8における順位が、8人すべての順列があるとして計算されたこと（優勝者と準々決勝で対戦した者は5～8位にしかなれない）。以上の2点である。

途中の計算はやや煩雑なので、省略させていただいて結論を述べると、上位8人の8連単を当てる確率は、8兆7960億9302万2208分の1以上、687億1947万6736分の1以下となった。

最後に、前出の「週刊朝日」を2年前に見たという昔のゼミ卒業生に、今年の夏に偶然、出会った。当然、私の確率計算を喜んでもらったと思って尋ねてみると、意外な返事に驚かされてしまった。

「先生はあの記事の最後に、当時、それほど有名ではなかったメンバーを『推しメン』と書いたこと覚えていますか。あの人、いまチーム・キャプテンですよ。その場しのぎでなく、基本からひたむきに努力する人を応援する先生の勘が当たりましたね」

その場しのぎでない学びを広げるために、今後もひたむきに努力してまいる気持ちを改めてもったのである。

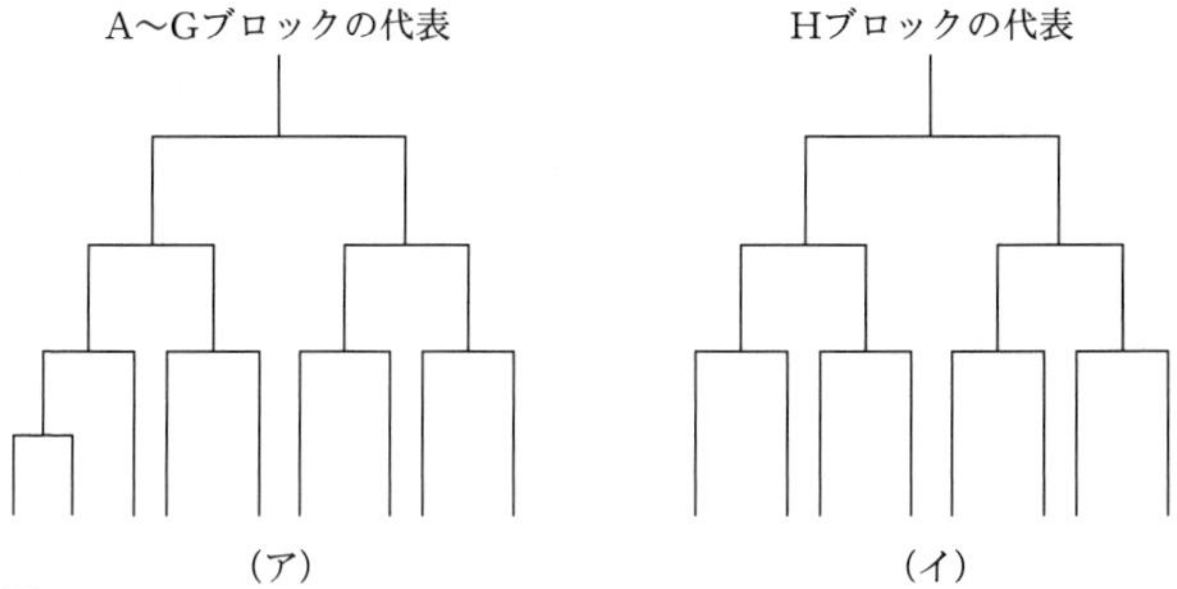
A～Gブロックの代表
Hブロックの代表
（ア）
（イ）
図18

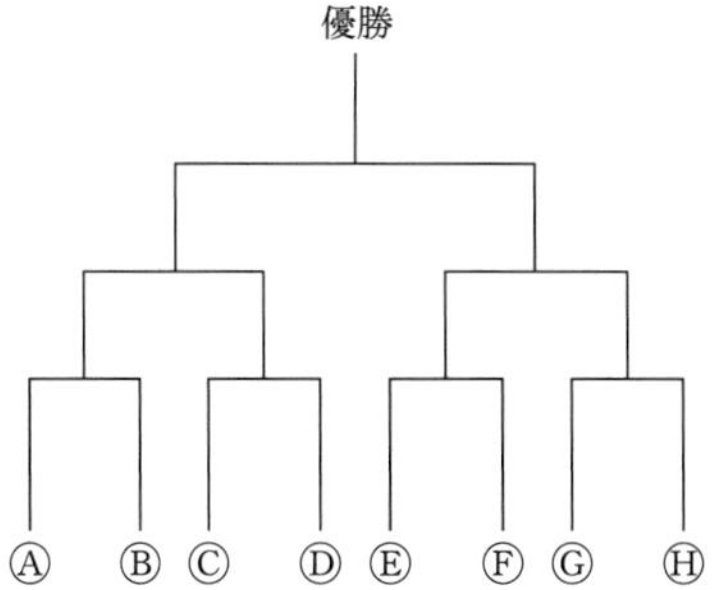
優勝
Ⓐ
Ⓑ
Ⓒ
Ⓓ
Ⓔ
Ⓕ
Ⓖ
Ⓗ
図19

あとがき

第1章の第1節で述べたように、1991年の大学設置基準の大綱化によって多くの大学の「一般教育」は形骸化した。この「一般」という言葉は、英語では「general」となる。一方、「liberal arts」という言葉は、日本語では「一般教育」となる。

「general」と「liberal」は結び付かないように見えるが、「liberal arts」を語源から捉えてみると、専門的な職業教育に限定されることなく、個々の学問や技術を、自由、かつ高い立場からまとめるという意味がある。これこそが、まさに「一般教育」のあるべき姿だろう。

現在は、環境、経済、防衛、教育などの諸問題が複雑に関連し合う時代である。それゆえ、広い視点から統括的に判断する力を備えた人材の育成を念頭に置いて、大学には真のリベラルアーツ教育が求められていると私は考えている。こうした教育が広範に行われるようになれば、初等中等教育での教科ごとの垣根や、小・中・高の学校種間の垣根も低くなるという二次的効果も表れるだろう。

本務校（桜美林大学）リベラルアーツ学群の今年度の3年生ゼミナールには、数学のほか、社会学、国際関係学、日本語日本文学などを主専攻とする多彩な学生が集まっている。こうした形態は、「同じゼミに数学の教員志望者もいれば、国語の教員志望者もいる大学は他にあるだろうか」と疑うほど珍しいものだが、前期の最後のテーマとして、すべての教科のマークシート式問題を検討して話し合ったことは意義のあるものだった。第2章で紹介した国語のマークシート式問題は、こうしたゼミナール生との楽しい語らいがあったからこそ、それに励まされて思い切ってここに載せることができたと考えている。

最近、多くの大学のパンフレットに「リベラルアーツ」という言葉が躍るようになった。しかし、この言葉を単に高校生受けするものとして使うのであれば、第1章で述べたように大学設置基準の大綱化の波に再び呑まれるような気がしてならない。そうならないためにも、「リベラルアーツ」という言葉の真の意味を理解していただきたい。

自分自身としてはリベラルアーツの精神を見失うことなく、入学時は数学が嫌いな学生でも卒業時には数学好きになるよう、今後もいろいろ工夫していきたい。

さて、本書の校正作業を行っている10月11日に、困惑させられるニュースが飛び込んできた。政府の教育再生実行会議が、以下の方針で大学入試改革を検討するという。1次試験では大学入試センター試験を表面的に衣替えして、全面マークシート式と思われる複数回受験可能な試験を設ける。国公立大学入試の2次試験ではペーパー試験を原則廃止し、実質的にAO入試だけにして、方針に従った大学には補助金を出す、等々。

要するに日本の大学入試の目指す方向は、**論述形式の試験を廃止してマークシート形式の試験とAO入試だけにする**ということである。これは本書で訴えてきた内容と正反対なものであり、私は教育再生実行会議の方針に対して異議を唱えたい。

本書の構成は、編集担当の小松現さんのアイデアによるもので、私一人ではとても思い付くことのできないものだった。バランスのよい全体の構成を編み出していただいたこと、さらに原稿の細部にわたって適切なアドバイスをしていただいたことに対し、ここに深く感謝する次第である。

2013年10月

芳沢光雄

芳沢光雄（よしざわみつお）
1953年東京都生まれ。東京理科大学理学部教授（理学研究科教授）を経て、現在、桜美林大学リベラルアーツ学群教授（同志社大学理工学部数理システム学科講師）。理学博士。専門は数学・数学教育。『新体系　高校数学の教科書（上・下）』『新体系　中学数学の教科書（上・下）』（ともに講談社ブルーバックス）、『数学的思考法』『算数・数学が得意になる本』（ともに講談社現代新書）、『数学で遊ぼう』（岩波ジュニア新書）などがある。

論理的《ろんりてき》に考《かんが》え、書《か》く力《ちから》

2013年11月20日初版1刷発行
2019年7月15日　　3刷発行

著　者 ― 芳沢光雄
発行者 ― 田邉浩司
装　幀 ― アラン・チャン
印刷所 ― 萩原印刷
製本所 ― 榎本製本
発行所 ― 株式会社光文社
東京都文京区音羽1-16-6(〒112-8011)
https://www.kobunsha.com/
電　話 ― 編集部03(5395)8289 書籍販売部03(5395)8116
業務部03(5395)8125
メール ― sinsyo@kobunsha.com

 ISBN 978-4-334-03771-0

666
迷惑行為はなぜなくならないのか？
「迷惑学」から見た日本社会

北折充隆

USJ大学生&飲食店バイトのツイッター問題、歩きスマホ、電車の座席での大股開き——とかく今の日本は迷惑行為だらけ。「迷惑学」の観点から、この現象を徹底的に考えてみた。

978-4-334-03769-7

667
『風立ちぬ』を語る
宮崎駿とスタジオジブリ、その軌跡と未来

岡田斗司夫
FREEex

宮崎駿が初めて大人向けに作った、最後の長編『風立ちぬ』。賛否が分かれる本作品をどう読み解くか？　これまでのジブリアニメもひもときつつ、宮崎駿の実像とその技巧に迫る。

978-4-334-03770-3

668
論理的に考え、書く力

芳沢光雄

クリエイティブな発想が求められる現代に欠かせない要素とは？　消費増税、経済成長率など、新鮮な題材を用いて、「これからの時代に必要な能力」を平易に伝える。

978-4-334-03771-0

669
消費増税は本当に必要なのか？
借金と歳出のムダから考える日本財政

上村敏之

どんどん膨れ上がる日本の借金。消費増税で本当に財政再建はできるのか？　税金、公債、歳出のムダなど喫緊の課題を手がかりに、〝国家の財布〟を見る目を鍛える。

978-4-334-03772-7

670
談志の十八番
必聴！　名演・名盤ガイド

広瀬和生

最晩年まで談志の高座を追いかけ続けた著者が、「入門者にお勧めしたい十八番演目」という切り口で贈る、CD・DVD・ネット配信コンテンツの名演ガイド決定版！

978-4-334-03773-4